全国高等职业教育快递专业(方向)专业课程推荐教材

# Kuaidi Kehu Fuwu yu Yingxiao
# 快递客户服务与营销

国家邮政局　组织编写

人民交通出版社

## 内 容 简 介

本教材在分析快递客户特点和需求的基础上，提出了快递客户开发的主要内容和客户维护的方法和技巧，分析了快递市场营销的各种策略，并针对当前和未来电子商务与快递结合的特点，分析了网络时代的快递客户服务与营销方式并提出建议。

本书为快递专业（方向）高职教育教学推荐用书，可作为中职、本科等层次相关专业人才培养参考用书，也可供快递物流相关企业各层次管理人员、专业技术和技能型人员参考使用。

**图书在版编目(CIP)数据**

快递客户服务与营销/国家邮政局组织编写. —北京：人民交通出版社，2010.12

全国高等职业教育快递专业(方向)专业课程推荐教材

ISBN 978-7-114-08614-4

Ⅰ. ①快… Ⅱ. ①国… Ⅲ. ①邮件投递—高等学校：技术学校—教材 Ⅳ. ①F618.1

中国版本图书馆 CIP 数据核字(2010)第 163593 号

全国高等职业教育快递专业（方向）专业课程推荐教材

**书　　名**：**快递客户服务与营销**

**著 作 者**：国家邮政局

**责任编辑**：沈鸿雁　丁润铎

**出版发行**：人民交通出版社股份有限公司

**地　　址**：（100011）北京市朝阳区安定门外外馆斜街 3 号

**网　　址**：http://www.ccpress.com.cn

**销售电话**：（010）59757973

**总 经 销**：人民交通出版社股份有限公司发行部

**经　　销**：各地新华书店

**印　　刷**：北京市密东印刷有限公司

**开　　本**：787×1092　1/16

**印　　张**：8.5

**字　　数**：203 千

**版　　次**：2010 年 12 月　第 1 版

**印　　次**：2016 年 6 月　第 4 次印刷

**书　　号**：ISBN 978-7-114-08614-4

**印　　数**：9001－11000 册

**定　　价**：18.00 元

# 国家邮政局快递职业教材编写委员会

**主　任**：苏　和

**副主任**：达　瓦　王　梅　安　定　张英海

**委　员**：韩瑞林　焦　铮　靳　兵　刘良一　张小宁　卫　明　唐守廉　吴先锋　吕　靖　陈兴东　贺　怡　郑志军

# 《快递客户服务与营销》编写人员

陈兴东　何雄明　余　曦　孙　莹　宋艳秋　张立平　王　姝

# 前　言

改革开放以来，快递市场逐渐成为邮政业市场最具活力的领域。自2006年邮政体制改革以来，特别是2009年新修订的《中华人民共和国邮政法》第一次明确快递企业的法律地位后，快递企业迎来了新的发展机遇，快递服务面临着广阔的发展空间。近年来，快递企业规模不断扩大，业务收入快速增长，但高层次、专业化、技能型人才匮乏。这已经成为制约企业发展的关键因素。因此，加快快递服务人才培养，努力扩大快递专业人才规模，提高人才质量和素质，是提升企业核心竞争力，促进行业可持续发展的重要前提和保证。

大力推进快递专业人才教育培养是邮政行业贯彻落实科教兴国和人才强国战略的重要工作。为了有效履行职能，根据《国家中长期教育改革和发展规划纲要(2010～2020年)》要求和国务院有关文件精神，国家邮政局发挥政府主导作用，成立了快递职业教材编写委员会，启动了快递专业(方向)课程教材的开发建设工作。

目前，全国各院校快递专业(方向)没有统一、系统和权威的专业课程教材。自2009年5月至今，我们组织编写了第一批共8本快递专业教材，以满足院校教学、企业培训和广大快递从业人员学习参考的迫切需要。这是邮政领域第一次由行业主管部门牵头，整合社会各方资源共同参与的教材建设工作。教材执笔人员为业内经验丰富，精通业务的专家、学者以及在教材编写方面具备较强优势、具有丰富教学经验的院校老师。

教材以支撑快递服务专业化人才教育培养为目标，以强化快递从业人员专业知识为导向，遵循适度超前、注重实用、科学规范的编写原则，突出系统性、权威性和实用性，贴近实际，内容全面，可用性强。

第一批系列教材分为高职和研究生两个层次。高职教材共有《快递法规与标准》、《快递客户服务与营销》、《快递业务概论》、《快递业务操作与管理》4本，在编写上理论知识与实际操作并重，突出高职教育实际工作能力和业务技能培养的特点，强调对企业应用实例的介绍。其使用对象主要为快递专业(方向)高职层次全日制在校学生、快递物流相关企业各层次管理、专业技术和技能型人员。研究生教材共有《快递服务法规解析》、《现代快递服务科学》、《电子商务与现代快递服务》、《现代快递企业战略管理》4本，内容侧重于快递企业经营管理、运营服务等方面系统性的理论知识介绍与分析，权威性的法律法规阐释与解读，前瞻性的服务发展趋势分析与预测，有助于拓宽视野，丰富知识，提升管理和服务能力水平。其中大量实际案例的精选和解读，对学员深入理解和掌握相关知识很有帮助。其主要面向快递企业高级管理人员和院校相关专业研究生、本科生。

该系列教材在编写过程中，得到了各方面的大力支持和帮助：北京邮电大学、重庆邮电大学、浙江邮电职业技术学院、广东邮电职业技术学院、深圳技师学院的专家、学者分别承担了有关教材内容的具体编写任务；相关省（自治区、直辖市）邮政管理局和国家邮政局有关领导对教材的编写给予了大力支持；国家邮政局发展研究中心、职业技能鉴定指导中心相关同志在教材审阅、修订和统稿方面付出了艰辛的努力；北京、上海、广东等地的多家快递企业为教材的编写提供了许多帮助，在此一并表示衷心感谢！

因能力水平所限，教材不足之处在所难免，欢迎提出宝贵意见。

**国家邮政局快递职业教材编写委员会**

**2010 年 11 月**

# 目　　录

# 第一章　快递客户分析

**【内容提要】**

客户是企业生存和发展的源泉,拥有客户意味着企业拥有了在市场中生存的空间。而设法赢得客户,是企业获得可持续发展的动力所在。要想赢得客户,必须先了解客户。本章以认识快递客户为切入点,按照不同的标准,从不同的角度对快递客户进行细分,阐述快递客户的不同特点;并针对不同的快递客户的类型,分析其普遍性需求、特殊性需求和个性化需求,从而全面正确地认识和了解快递客户,为客户开发和客户维护奠定基础。

## 第一节　快递客户概述

快递自古有之,无论是我国史书记载尧舜时期的“鼓邮”,还是国外“马拉松”的故事,都能让人们或多或少看到快递的“影子”。随着社会经济的迅速发展,国内外交往的日益增多,人们对快速传递信息和实物的需求也越来越高,为适应这一客观需要,现代快递服务应运而生。快递是我国改革开放后兴起的朝阳产业。作为邮政业的重要组成部分,快递在满足社会生产和人民生活需求、促进国民经济发展、扩大社会就业等方面都起着极其重要的作用。

### 一、快递客户的含义

随着生活节奏的加快和人们物质生活水平的提高,快递服务作为一种融时效、安全、便捷为一体的寄递服务方式,满足了人们快速传递信息和物品的迫切需要,受到社会各界的青睐。人们在享受快递服务带来的便利时,自然而然就会成为快递客户。

快递客户是快递企业提供产品和服务的对象。快递客户是快递企业赖以生存和发展的基础,是快递企业的利润之源。快递企业所拥有的快递客户越多,所处的竞争地位就越有利。因此,快递竞争的焦点主要集中在快递客户身上:一是不断扩大企业所拥有的快递客户数量,使潜在客户转变为现有客户;二是不断提升客户对企业的价值,使客户由低端向中、高端转变。快递企业通过积极开展有针对性的客户营销活动,提供优质的客户服务,最大限度地开发新客户、保留老客户,提高企业效益。

### 二、快递客户的特点

业务流程重组(BRP)创始人迈克尔·哈默有句名言:“所谓新经济,就是客户经济”。客户是企业最重要的资源,企业的各项工作都是围绕客户展开的。

客户购买产品或服务,并不仅仅是购买了产品或服务本身,其实质是购买了该产品或服务所能带来的效用,即它的使用价值。客户购买了产品或服务后,如果所购产品或服务给其带来的使用价值没有达到期望值,客户往往会放弃继续购买或者转向企业的竞争对手购买同类产品或服务。无论什么样的客户,在购买企业的产品或服务时,都有一套自己的衡量标准。一般而言，客户追求的是“既要好的、又要便宜的”产品或服务，注重所购买产品或服务的“物美价廉”，即追求性价比最大化。

随着人们生活水平的提高，客户的个性化需求也日渐明显。一般来说，快递客户具有如下特点。

(1)快递客户注重所购买快递产品的时效。快递服务是按照承诺的时限递送信件或包裹，它联结着收件和寄件两端的客户。无论是收件的客户，还是寄件的客户，都非常注重快递服务的时效性。《快递服务标准》规定，国内同城快递服务时限为 24 小时，国内异地城市为 72 小时。特殊快递客户对时限的要求可能会更高。

(2)快递客户注重所购快递产品的安全。快递客户在购买快递产品或服务时，需要提供许多信息，如姓名、地址、电话、所寄文件或包裹的性质等，对这些都需要保密。快递客户要求交寄的物品在寄递过程中要保持完好。这就要求快递客服人员要恪守职责，保守秘密，规范服务。

(3)快递客户希望享受便捷的快递服务。在生活、工作节奏加快的今天，快递客户要求能非常方便地把信件或包裹等物品，通过快递企业快速传递到收件人手中。快递企业应在设置服务场所、安排营业时间、提供上门服务等各方面，满足客户需求。

(4)快递客户在购买快递产品或服务时具有“首轮效应”心理。首轮效应也称为第一印象作用或先入为主效应，是指个体在认知过程中，凭借“第一印象”最先输入的信息，对客体以后的认知产生的影响作用。快递客户在购买快递产品或服务时，第一印象作用最强，持续的时间也长。客户一旦初次购买快递服务并享受到了优质服务，一定会产生较好的印象，往往就会对该企业情有独钟，从而会长期使用该企业提供的服务。反之，客户如果接受的是质量差的快递服务，就必然会心存芥蒂，甚至会通过口碑效应把这种感受传给其他人。

由于性别、年龄、种族、地域、宗教信仰、受教育程度、收入水平等各种因素的差异，不同的快递客户会呈现出各自的特点。采用适合快递客户个人特点的方式与其沟通就显得尤为重要，往往能达到事半功倍的效果。

快递市场竞争，归根结底是快递客户资源的争夺。把握快递客户的不同特点，有针对性地开展客户营销，可以使快递企业在竞争中立于不败之地。

## 第二节　快递客户分类

由于个人的能力、气质和性格的不同，快递客户呈现出不同的个性特征。对快递客户进行分类，是快递客户服务与管理的基础工作。分类越合理，快递企业对客户的服务和管理效果就越好，企业和客户双赢的机会就越大。

### 一、按客户与快递公司的空间位置关系分类

对于企业而言，快递客户可分为外部快递客户和内部快递客户。

快递外部客户又叫狭义的快递客户，指快递公司之外的对其有快递需求的客户，或是一般意义上的快递服务使用者。

内部客户是指快递企业组织内部的机构、部门和员工。根据“供应链”理论，相关部门之间往往存在“上下游”关系。上游部门是下游部门的服务部门，下游部门自然就是上游部门的客户。快递企业的部门与部门之间是一种“互为内部客户的关系”。快递业务是由一整套的业务

流程，由各个环节甚至不同地区的工作人员分工合作完成的。只有分工与合作，快递企业才可以做到制度健全、流程合理、运营平稳。在快递企业内部，部门与部门之间的关系不是简单的“甲方”和“乙方”的关系，而是一种“互为内部客户的关系”。比如说，销售部门为财务部门提供收款数据，财务部门为销售部门提供绩效考核数据，就是典型的“互为内部客户”的例子。企业是一个有机的整体，部门与部门之间需要协调工作，否则企业总体目标将无法实现。

## 二、按客户价值大小分类

不同客户给企业带来的收益是不同的。从快递客户给企业带来的收益和价值来看，快递客户大致可以分为三类：高端客户、中端客户和大众客户。

1. 高端客户

高端客户主要由国内大型企业、东部沿海发达地区和重点城市的政府机关以及大中型的外企和合资企业构成。这类客户通常追求高性能、最优质的快递服务，对价格则不太敏感。他们通常会选择知名快递企业的快递服务。对于中小型的快递企业来说，开发这类客户难度较大。主要原因：一是这些高端客户内部关系复杂，权力层级多，不确定因素也多；二是出于安全角度的考虑，这些高端客户对规模较小的快递公司的服务质量持怀疑态度，并且短期内不会轻易改变；三是这些高端客户在选择快递公司的时候都非常谨慎，往往一些细节就会影响他们的决策。

尽管如此，高端客户仍是快递企业最重要的客户资源。一方面，他们对快递服务需求量大、频繁，付款能力强，不会产生债务问题，能给快递企业带来较高的经济效益。另一方面，他们是市场的风向标，如果某快递公司签下了高端客户的快递业务，它在和其他客户谈判的时候就会比较容易。这其中隐含的广告效应就是快递公司都对高端客户情有独钟的最佳佐证。

2. 中端客户

中端客户主要由地区政府机关和中小型企业，以及一些诸如网购商家之类的个人客户构成。中端客户在给快递企业带来可观利润的同时，有可能成为企业的较大利润来源。与高端客户相比，他们比较注重性价比，注重后续服务，但他们往往可能也从企业的竞争对手那里购买快递产品或服务。

中端客户既有品位的要求，又对价格较为敏感；他们掌握的信息往往最为灵敏，对业界行情了如指掌；他们既会跟风高端用户，又有自己的如意算盘，成了快递企业最难把握却又必须重视的一类客户。与这类客户建立关系的目的，是提高他们对本企业快递服务的购买份额，培养忠诚度，提高客户价值。

3. 大众客户

大众客户主要由一些小型企业和普通的个人客户构成。他们非常注重快递服务的价格，并往往会设置一些底线，诸如时效和安全率等。只要达到基本要求，那么价格就成了他们最为关心的关键因素。大众客户的消费能力有限，对价格敏感，他们对快递品牌的忠诚度低。快递企业往往还没有来得及把新开发的大众客户培育成忠诚客户，他们就转向了竞争对手，客户流失情况普遍。

营销界有一个著名的等式，即“100－1＝0”。它的意思是说，即使100个客户对企业满意，但只要有一个客户持反对态度，企业的美誉就立即归零。因此，大众客户是快递企业应进行客户营销的重要对象之一。

快递企业以什么样的标准来评价客户价值，取决于它对客户的基本态度。从长远的观点来看，快递企业不仅要使客户的当前价值最大化，而且要同客户建立稳定的客户关系，实现企业利润最大化。

## 三、按客户所在市场类型分类

1. 专业市场客户

快递企业的服务范围很广。一件跨国纺织样品、一束美丽的鲜花、一部新款的手机、一份紧急需要的合同等，凡不违反国家的相关禁限寄规定又适合快递企业递送的物品，一般都可以寄递。快递客户按照所寄递的物品不同，可分为不同类型的专业市场客户。

(1)皮革市场客户

我国的皮革业，已经涵盖了制革、制鞋、皮衣、皮件、毛皮及其制品等主体行业，以及皮革化工、皮革五金、皮革机械、辅料等配套行业，成为一个上下游关联度高，产品常变常青，集创汇、富民、就业为一体的完整产业链。全国皮革业已经形成了不同的特色区域和生产基地。近年来，随着电子商务的兴起和皮革交易量的加大，很多客户都会选择快递来寄递皮革制品，形成了比较独特的皮革市场客户群体。快递企业在受理客户的皮革制品时都应分外小心，轻拿轻放，妥善保管。对部分价值较高的皮革制品应建议客户作保价处理，防止给客户带来不必要的损失。

(2)易碎品市场客户

图 1-1　易碎品标志

玻璃制品、陶瓷制品、工艺品、精密电子仪器、电器、通信产品等都是易碎品。许多客户都在使用快递服务寄递这类产品，形成了易碎品市场客户群体。易碎品作为比较特殊的一类产品，客户在寄递这类产品时，首先要求的是快递企业在寄递过程中必须确保寄递物品的完整。快递企业在受理易碎品的寄递时，应严格把好包装这一最为关键的环节，封装时应防止寄递的物品变形、破裂，以及污染或损毁其他快件，伤害客户、快递服务人员或其他人。寄递易碎品，都应在外包装的四个侧面的左上角处，标上“易碎品”、“小心轻放”字样和相应的图案(图 1-1)。

(3)电子产品市场客户

电子产品的应用领域非常广，涉及人们日常用的很多物品，如手机、电脑、数码相机、MP3、微波炉、音箱等。由于电子产品制造业的蓬勃发展，客户使用快递服务寄递的电子产品数量所占快递物品的份额逐年上升，形成了初具规模的电子产品市场客户群体。客户在寄递电子产品时，除了对包装和运输安全的要求高外，由于电子产品更新换代快且价格波动较大，其对寄递时限的要求也很高。

(4)工业产品市场客户

工业产品是工业企业在生产活动过程中创造的、符合原定生产目的和用途的生产成果。许多工业企业都在使用快递服务寄递产品，如寄递汽车零配件、药品等，形成了工业产品市场客户群体。这些客户往往是一些工业企业，通常具有生产集中度高、规模经济大的特征，具有发货量持续稳定的特点。

2. 中央商务区(CBD)客户群

CBD(Central Business District)，可译为中央商务区、中心商务区或商务中心区。其概念最早在 1923 年产生于美国，当时定义为“商业会聚之处”。随后，CBD 的内容不断发展丰富，成为一个城市、一个区域的经济发展中枢地带。CBD 高度集中了城市的经济、科技和文化力量，同时具备金融、贸易、服务、展览、咨询等多种功能，汇集了大量的办公、餐饮、服务和住宿设施，是“寸土寸金”之地。CBD 内快节奏的工作和生活方式必然要求快递服务的高效、快捷。CBD 内的客户主要存在以下三种快递服务需求。

（1）CBD 自身运作和机构办公对快递服务的需求

CBD 内主要是一些大公司的办事机构，他们注重节省时间、提高效率。高效的快递服务和稍高的服务费用对于他们来说是可以接受的。由于 CBD 地处黄金地段，具有较高的人气，会吸引众多的会展、论坛、高峰会议和各种各样的商业展销活动，这些都会产生大量的快递服务需求。仅整个 CBD 内所有办事机构的日常办公用品（包括复印纸、打印纸、传真纸、墨盒、电脑配件、文件夹、财务用品、档案盒等），如果都由快递企业来负责采购及配送，代收货款的提成就已经是一笔十分可观的收入。

（2）CBD 的商业活动对快递服务的需求

CBD 内商业设施发达，人口流动大，人们在此购物的消费支出大。在 CBD 内工作的主要是白领人士，他们看重品牌，追求时尚。CBD 内现代化的商场为人们的生活提供了有力保障。商场销售商品的价格高、周转量大、流动速度快，宜采取零库存方式减少资金占压，满足客户的时尚要求。这就需要外部高效的快递配送系统作为支撑，实现快递企业和 CBD 商家的双赢。

（3）CBD 内人们生活对快递服务的需求

CBD 内大多数是高等级饭店，以提供高档消费为主，人们在就餐时更追求周边环境、氛围以及食物本身的高档，包括各种时令新鲜水果、海鲜品等。而且由于价格昂贵和保鲜保质的要求，除非是一些珍贵的平时不易获得的食物，其余各种食品的库存都会保持较少数量，当天进货当天消费，这些都会带来大量的快递服务需求。网上购物突破了传统商务的障碍，无论对消费者、企业还是对第三方的快递企业都有着巨大的吸引力。在 CBD 工作的人们大多追求时尚，更容易接受网上购物的方式。网上商城往往通过邮购的方式发货，或是通过快递企业送货上门，这对快递服务产生巨大的推进作用。

## 四、按客户所处状态分类

1. 忠诚客户

什么是忠诚客户？假如你是一个网购商户，你和一家快递企业的合作已经两年，并且打算以后也继续合作，在快递企业眼中，你就属于他的忠诚客户吗？

下面是一个典型的 *LV* 象限客户金字塔，如图 1-2 所示。

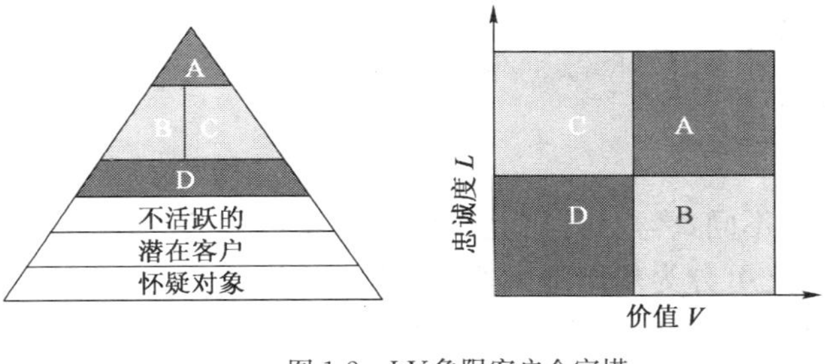


图 1-2　*LV* 象限客户金字塔

纵轴表示客户忠诚度指数，横轴表示客户的价值指数，运用 *LV* 象限可以将客户分为高忠诚度高价值、低忠诚度高价值、高忠诚度低价值、低忠诚度低价值四个基本类别。

忠诚包括交易忠诚和情感忠诚两方面。交易忠诚一般以客户购买产品的时间、购买频率、客户所占份额和客户的生命期来度量。情感忠诚一般以根据情感和关系来判定，而不是单纯地看交易记录。它包括客户愿意向企业支付额外费用、将企业视作标杆、向他人推荐企业的产品、对企业的产品提出优化建议等；即便有另一家快递企业以更低廉的价格提供相同的服务，客户却宁愿多花钱继续使用原来的快递企业；即使客户搬家了，新的快递企业就在家门口，他也仍会使用原快递企业的服务，甚至还会向朋友推荐原快递企业，并主动提出要求原快递企业改善服务的建议。这就是客户的情感忠诚。

情感忠诚的意义远大于交易忠诚。快递企业的最佳客户毫无疑问是位于金字塔尖的A类客户。这类客户的高价值非常值得快递企业花费精力和资源来获取、保留和提升他们在客户金字塔的位置，其高忠诚度则能确保更长久的关系，使企业获取更多利益。培养更多情感忠诚的客户是快递客户服务工作的重中之重。

2. 新增客户

快递企业的利益来自于客户资源的保持和不断的拓展，赢得新客户是快递企业生存与发展的重要方式。新客户一般不知道快递企业的品牌形象、实际能力、发展蓝图、行业地位、产品优势，没法维持对企业的忠诚。但现在没有购买快递企业产品或服务不表示将来不买，每一个没有购买过的人都有可能成为快递企业的新增客户。快递企业的每个老客户、忠诚客户都是从新客户一步一步走过来的，赢得现在的新客户实际上就是赢得了将来的老客户、忠诚客户。

3. 潜在客户

潜在客户是指在工作、生活中有可能购买快递产品或服务的人。首先，这类客户并不是对快递服务产品没有使用欲望，只是暂时还没有使用。其次，这类客户往往会仔细询问产品的各方面性能，属于理智型的消费者。再次，这类客户一旦认定某种产品，可能影响周围的一大群人。最后，这类客户通常对未知的事物有排斥感，很难接受一种新产品；除非推销者能够准确掌握他们的内心特质，否则很难向他们推销产品。

对待潜在客户应该怎么办？是一视同仁，用同样的态度去服务；是把他们当成"只享受上帝服务、却从不购买产品"的"虚假客户"，对其不闻不问；还是看到客户的巨大影响力，用更热诚的服务来打动客户，不同的选择会带来不同的结果。

4. 流失客户

如果有一天，客户决定终止合作转而投向竞争对手；业务员突然辞职，接着他负责的几个客户都相继结束了与企业的合作关系；已经合作多年的客户居然最近几个月都没有业务往来了……种种现象表明，企业的客户流失了。由于种种原因而导致的与所提供快递服务的企业中止合作的客户，就是流失客户。客户的忠诚度是一个很难用数字衡量的概念。在营销手段日益成熟的今天，每个客户都有自己的选择和利益杠杆，客户是一个很不稳定的群体。

## 五、按其他方式分类

(1)按所处地理位置的不同，客户可分为国外客户、国内客户。国内客户又可分为内地客户、港澳台客户，内地客户又可分为华南地区客户、华东地区客户、东北地区客户、西北地区客户、西南地区客户，华东地区客户又可分为浙江客户、江苏客户、安徽客户、上海客户、江西客户、福建客户等。

(2)按照与其合作领域的不同，客户可分为全球性客户、全国性客户、地区性客户和行业性客户。

(3)按照性质的不同，客户可分为政府机构及非营利机构客户、企业集团客户、个人客户。

(4)按照性别的不同,客户可分为男性客户、女性客户。

# 第三节　快递客户需求分析

## 一、快递客户需求概述

1.快递客户需求的概念

需求是消费者在一定时期内在某种商品各种可能的价格水平上愿意并且能够购买的数量。需求与需要不同,需求不仅要求消费者有购买欲望,更要有购买能力,两者缺一不可。

客户的需求是多方面的,按照马斯洛的需求层次理论(图1-3),人的需求可以分为生理需求、安全需求、社交需求、尊重需求、自我实现需求五类,依次由低到高排列。

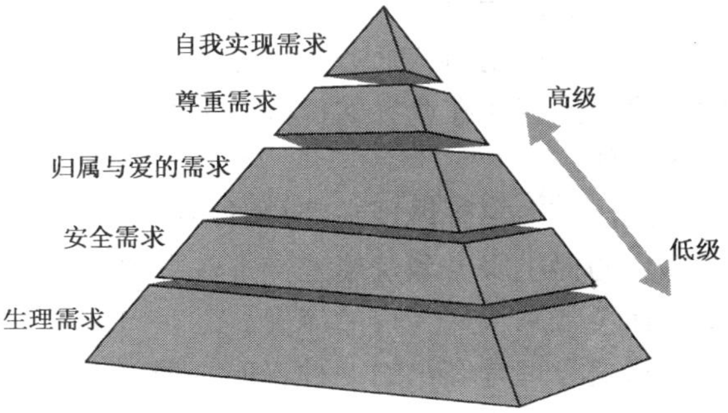

图1-3　马斯洛需求层次理论

生理需求是人们最原始、最基本的需求,如吃饭、穿衣、住宅、医疗等,若不满足,则有生命危险。这就是说,它是最强烈的不可避免的最底层需求,也是推动人们行动的强大动力。

安全需求比生理需求高一级,要求劳动安全、职业安全、生活稳定、希望免于灾难、希望未来有保障等。当生理需求得到满足以后就需要保障这种需求,每一个在现实中生活的人,都会产生安全感的欲望、自由的欲望。

社交需求也称为归属与爱的需求,指个人渴望得到家庭、团体、朋友、同事的关怀爱护理解,是对友情、温暖、爱情、信任等的需求。它更细微、更难捉摸,与个人性格、经历、生活区域、民族、生活习惯、宗教信仰等都有关系。这种需求是难以察悟、无法度量的。

尊重需求可分为自尊、他尊和权力欲三类,包括自我尊重、自我评价以及尊重别人。尊重的需求很少能够得到完全的满足,基本上的满足就可产生推动力。

自我实现需求是最高等级的需求。满足这种需求就要求完成与自己能力相称的工作,最充分地发挥自己的潜在能力,成为所期望的人物。这是一种创造的需求。有自我实现需要的人,似乎在竭尽所能,使自己趋于完美。自我实现意味着充分地、活跃地、忘我地、集中全力、全神贯注地体验生活。

人们都潜藏着这五种不同层次的需求,但在不同的时期表现出来的各种需求的迫切程度是不同的。最迫切的需求才是激励人行动的主要原因和动力。

快递客户需求反映的是快递客户的需求量与快递服务的价格、质量之间的关系。快递企业要以客户需求为中心,把握"卖给谁"、"卖什么"、"怎么卖"三个基本点,把无形的产品变成有形的服务,发现、创造、激发、满足客户的需要,以合适的价格向客户提供优质的服务,这是快递企业走向成功的法宝。

2.快递客户的消费心理

消费心理是指消费者进行消费活动时所表现出的心理特征与心理活动的过程。消费心理是由消费者兴趣、消费习惯、价值观、性格、气质等多方面因素综合作用产生的。常见的消费心理有实用、便捷、保密、从众、求异、攀比、求美七种类型。

实用心理是快递客户最基本的心理。实用心理以快递客户的实际需要为动机，特别重视服务中的时效性和服务质量。针对此类心理，快递客服人员在工作中要做到细心、耐心地回答客户提出的各种问题，处处为客户着想，让客户放心。

便捷心理是客户要求方便，缩短等待时间的一种心理。由于工作节奏加快，更多客户希望足不出户，就能享受到方便、快捷的寄递服务。

保密心理是快递客户希望保护自身信息及快件所包含的通信秘密的一种心理。客户服务人员应该恪守职业道德，自觉增强法制观念，充分尊重快递客户的保密心理，使客户感到安全、放心。

从众心理主要体现为附和他人。如在网络论坛上大家都说某快递企业服务好或是不好，作为单个的消费者就很容易受其影响，哪怕他从来没有使用过该快递公司的产品。

求异心理则与从众心理恰恰相反。快递客户对与其长期合作的快递公司总是“情有独钟”，哪怕该企业在业界的口碑并不好，只要没有触及客户的核心利益，客户一般不会轻易更换合作伙伴。

攀比心理主要体现在客户对不同快递公司的服务和价格的比较或是对同一快递公司向不同客户的提供服务和价格差异上。货比三家就是攀比心理的最佳注解，有时一些细节上的忽略往往会带来快递客户的流失。

求美心理是客户的一种普遍心理。这种心理不仅注重使用快递服务的效果，而且希望从中得到美的享受。因此，快递企业应重视快递服务场所的环境美，注重收派员及其他客服人员的仪表美、语言美以及快递包装的外形及内涵美。

3. 快递客户需求的特点

快递客户的需求有以下几个特点。

(1)快递客户的需求具有扩展性。客户需求不会停留在同一个水平上。随着道路交通、运输设备、信息技术及通信水平的不断提升，快递客户的需求也在不断扩展。如今快递企业可能会因为快件的一天延期而失去大量的客户。快递企业要适应新形势的发展需求，就必须改变过去坐等客户上门的观念，只有通过不断地深入市场调查研究，优化网络组织，延伸服务内容，创新产品，加强公关和营销，才能适应不断提升的客户需求，促进快递产品的销售和业务发展。

(2)快递客户的需求具有多层次性。每一个客户都会有着多种多样的需求，这其中总有着主次之分。有些客户在意价格的高低，有些客户在意服务的优劣，有些客户在意时间的长短，有些客户在意口碑的好坏。没有客户不喜欢价廉物美的产品，只是往往更为看重其中的某一方面。快递企业要按照自身的经济实力和客观条件，分清客户需求的主次和轻重缓急，有序地逐步完善服务；要树立多层次服务理念，理清业务种类，开展有针对性地快递服务，并不断加强与客户的沟通，了解客户的想法，从而不断细分服务种类，以满足不同客户的需求；要围绕客户需求调整营销手段和服务方式，积极发展高端客户，全力维系住重要客户，精心培育潜在客户；对不同的客户群体，实行差异化服务，对重要大客户实行精益化、个性化服务，对潜在客户加强沟通，密切往来，实施情感投入和情感渗透；建立全面、完整的大客户资料档案，用信息化手段管理客户资料，并定期做好客户分析；推行大客户营销责任制以及派驻制、项目经理制、营销代表制等营销模式，形成大客户营销工作的制度化管理与体系化服务，最大限度地扩大营销成果。

(3)快递客户的需求具有可引导性。客户需求不是一成不变的，有些需求是必需的、最基本的，有些则与外界的刺激密切相关。经济政策的变动、营销活动的影响、社会交际的启示、广告宣传的引导等，都可能导致客户需求的变化或转移，潜在的需求也可能变为现实的需求。客户需求的可引导性，促使快递企业不仅要适应和满足客户的需求，更应通过各种营销手段，正确地影响和引导客户需求，变潜在客户为现实客户。企业应通过各种方式不断引导客户消费，要善于抓住机会，重视快递服务的包装、策划，形成亮点和即时效应。

(4)快递客户的需求具有分散性。我国自 2001 年 12 月 11 日加入世界贸易组织(WTO)以来，快递服务逐步改变了原有的一些格局，民营快递企业迅猛发展，国际快递企业加速进入中国市场，快递市场竞争十分激烈，快递客户选择快递服务提供商的范围大为增加。一个客户往往会根据自己的经验以及快递企业各自的特点和快件寄达的区域，选择不同的快递企业寄递快件。激烈的市场竞争往往也蕴涵着巨大的机遇，快递企业要转变经营理念，以服务为抓手，以方便客户为根本，改善软、硬件条件，提升服务水平，抓住目标客户，拓宽市场份额，从而在激烈的竞争中立于不败之地。

## 二、快递客户需求的类别

快递客户的需求是多种多样的。不同的快递客户会有着不同的需求。下面介绍两种常用的快递客户需求的分类方法。

### 1.按照需求的共性与个性分类

快递客户的需求可分为普遍性需求、特殊性需求和个性化需求。

(1)快递客户的普遍性需求

所谓快递客户的普遍性需求，也即一般快递客户都具有的需求，指的是快递客户对快递服务的迅速、准确、安全、方便等普遍性需求。

(2)快递客户的特殊性需求

所谓特殊性需求，也即与众不同的需求，这是某一类快递客户的需求。诸如有些快递客户要求快递价格尽可能低，有些客户希望快递公司提供免费的上门取件业务，有些客户非常在意快件的安全性，有些客户则希望快递能够尽可能快等。不同的快递客户由于出发点不同，或是对快递服务各要素的重要性排序不同，或是在不同的快递服务中获得的效用不同，而呈现出不同的特殊性需求。

(3)快递客户的个性化需求

个性化需求是指客户根据自己的身份、职业、性格、个人爱好、经济承受能力等自身情况，选择适合自己的快递产品或服务的需求。随着社会的发展和人民生活水平的提高，人们的消费观念发生了很大变化，消费心理日趋成熟。人们往往会根据自身情况选择适合于自己的商品，追求消费的个性化。客户要求个性化，企业提供个性化服务，已经逐渐成为企业赖以生存的法宝。网络下单业务、代收货款业务、珍宝箱业务、指定时间派送业务等，都是快递企业针对客户的个性化需求推出的个性化服务。快递企业要做到以人为本，以市场为导向，以服务为保障，竭力为每一位快递客户提供“量体裁衣”的个性化服务。

### 2.按对客户的重要程度和满意程度来分类

根据快递客户对不同的快递需求的满意程度和重要程度，可绘制一个简单的坐标图，如图 1-4 所示。不同的快递需求，对于客户来说其满意程度和重要程度不尽相同。在市场环境下，快递从业人员应树立“一切为了客户”的观念，以诚相待，急客户之所急、想客户之所想，才能实现快递企业和快递客户的“双赢”。

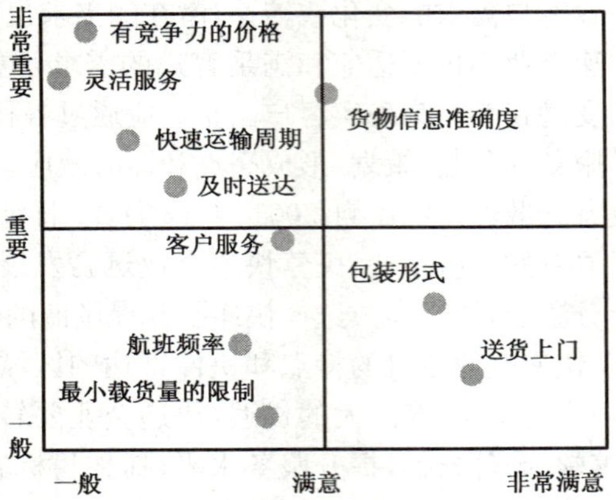


图 1-4　快递客户需求的多样性

## 【思考与练习】

**一、重要概念**

快递客户、快递服务、快递客户的心理共性、快递客户分类、忠诚客户、CBD 客户、快递客户需求

**二、问答题**

1. 什么是快递客户？快递客户有什么特点？
2. 有哪些常见的快递客户的分类方式？分别为哪些类别？
3. 怎样培养快递企业的忠诚客户？
4. 快递客户的需求有哪些特点？
5. 怎样看待快递客户的普遍性需求、特殊性需求和个性化需求？

**三、案例分析**

### 顺应客户需求，国内某集团推出先开箱验视再付款新措施

自 2009 年 7 月 15 日起，国内某集团公司在全国范围内针对国内特快专递代收货款业务，推出消费者可在到货后先开箱验视再付款的服务措施，废除执行已久的不得先行开箱验货的规定。

长久以来，消费者通过电视购物等途径订购商品后，在接收时必须先付款才能收到货物。大多数消费者通过网络、电话与卖家进行联系，仅知道对方的电话号码，一旦所寄来货物并非自己所购货物，或者所购货残缺破损，往往退货无路。即使投诉至工商部门，也会遇到问题，工商部门接受投诉一般要求提供销售方的公司名称、地址，但这些公司很可能注册在当地，电话销售在外地，有的干脆是“皮包公司”连地址都找不到，消费者难以维权。

由于电视购物、网购等购物方式不能“眼见为实”，普通消费者认为“送货上门，货到付款”是一个较为可信的购物方式，最多不满意就不付钱。然而现实中，一些卖家借助代收货款业务而标榜的“货到付款”却有巨大风险。消费者通常理解的“货到付款”，是先验货再付款；若查验货物并非所想，则可以拒绝接收。但事实上，通过代收货款业务所递送的物品，必须先付款才

能验货，而一旦付了款，再要索赔并不容易。

一些不法分子正是利用这一制度的漏洞，大肆销售假冒伪劣商品且屡屡得逞。一些经营者往往采取夸大、虚假宣传方式，通过媒体发布购物广告，吸引消费者购买。这些经营者故意设置的一些减轻、免除自身责任、限制消费者权利的不合理条款，置消费者于被动地位，一旦产品出现问题，消费者很难维权。

为了有效遏制利用代收货款"不得开箱验视"规定设局诈骗的不法行为，某集团公司展开调研，制订新办法，消除部分消费者的不明指责。该集团公司在湖南、河北、云南、山东、辽宁、吉林等省成功进行试点之后，决定废除执行"不得开箱验视"的规定，在全国范围内实施新措施，允许消费者开箱验货。

新措施的主要内容为：代收货款类快件允许消费者先开箱验货再付款。"开箱验货"作为一种特殊附加服务，只在收件人提出要求时，才予实施，由投递员配合，收件人在付款前可对商品外观和商品数量进行清点，但不能对商品进行试用或进行产品功能测试。为明确责任，该项服务要求销售公司配合，在发出的邮件中配备装箱清单。

"先开箱验视"可在一定程度上打击不法分子通过网购、邮购、电视购物等方式欺诈消费者的行为，遏制不法供货方提供假冒伪劣产品等。该集团公司在实行新规定后，消费者收到此类快件时可以开箱验货，经仔细检查后再付钱，上当受骗的风险大大降低。

资料来源：物流杂志网（2009 年 9 月 24 日）

http://www.gd-logistics.com/news/news008/2009/915/0991548206E69ID7HA1D7DC8.htm

请根据以上案例回答：

1. 快递客户在代收货款业务中有何需求？

2. 该集团公司顺应客户需求如何推出新举措？

# 第二章　快递客户开发

**【内容提要】**

快递客户开发是快递企业营销的重点。面对快递市场上不断出现的新产品，客户的眼光也会变得越来越挑剔，快递企业营销人员开发客户的难度也在不断增加。面对激烈的市场竞争，有效地开发客户成为快递企业生存和发展的基础。本章主要介绍快递客户开发计划的制订、快递客户的调查、快递客户的购买行为分析、快递客户的开发方法。

## 第一节　制订快递客户开发计划

客户开发是每个快递企业在发展过程中需要持续开展的工作。对于承担客户开发工作的业务人员而言，在诸多客户开发环节中，首先要制订快递客户开发计划。

### 一、快递客户开发计划概述

一般来说，快递客户开发计划是指快递企业为了实现盈利而争取更多忠实客户所采用的一种书面计划方式。

1. 客户开发计划的基本要求及特点

快递客户开发计划应达到三个基本要求如下。

(1)快递客户开发计划要有明确目的或目标。在整个客户开发计划中，目标是一切客户开发活动的根本。快递客户开发的目标要与企业现阶段经营目标相一致，准确客观地制订快递客户开发目标是客户开发计划一个最基本的要求。

(2)快递客户开发计划要清晰反映客户的特性。客户的选择是客户开发计划中的关键所在。客户从其自身角度出发选择快递服务，而企业也会遇到不同的竞争对手。正是客户的不同选择构成了快递的产品体系、价格体系和格局。同时，由于快递客户需求的不断变化，推动快递的产品体系、价格体系、竞争格局也都在发生变化。一般情况下，对快递客户特性的认识需要调查和掌握以下几个方面：首先，调查客户群体特征，了解客户的所占比例、文化程度、年龄结构以及消费能力和水平；其次，调查经济环境，当地经济特色、居民消费水平等指标，为后期确定客户目标提供依据；再次，对客户消费特征进行调查，了解消费者的消费动机、特点等相关指标；最后，要了解客户对快递服务的需求程度，即所需寄递的快件量。当然，客户其他情况的调查可以根据企业自身情况和快递产品类型特点做内容的增减。通过做这样的调查，使企业对客户有较清晰的认识，再通过分析总结出拟开发客户的特性，从而找到后期工作的突破点和捷径。

(3)快递客户开发计划要明确竞争对手和自身的态势。首先是明确竞争对手。一般来说，与本企业产品类型接近、规模相当的企业，往往是本企业的竞争对手，应通过筛选聚焦，在竞争对手中找到最具竞争力的对手。只有找到了最具竞争力的对手才能确定要超越的目标，使客户的开发工作更具针对性。其次，在选定了竞争对手后，需要通过调查研究，对竞争对手有一个清晰的认识，了解竞争对手的快递服务产品类型、运输速度、安全程度、价格体系等，了解竞争对手的优势和劣势，给本企业带来的机会与威胁等。只有做到这些，制订快递客户开发计划才能做到有的放矢。在制订快递客户开发计划时，每一个项目负责人都必须对本企业的情况了如指掌，如自身的快递服务价格体系、运输速度、安全程度、管理水平等；同时，要正视自身的优势和劣势，这样才能在快递客户开发工作中制订出符合自身的开发方案，扬长避短发挥优势，取得成功。

快递客户开发计划与其他行业的客户开发计划一样，有着一般客户开发计划的普遍特点。

(1)目的性。客户开发计划工作旨在有效地达到某种目标。

(2)主导性。只有在客户开发计划工作确定了目标后，销售管理过程中的其他工作才能有效开展。客户开发计划职能在销售管理职能中居重要地位。

(3)效率性。制订客户开发计划应以合理的代价实现目标。

2.客户开发计划的主要内容

快递客户开发计划应包含以下内容。

(1)选择快递客户

快递客户的选择或者说目标客户的定位，是快递客户开发工作的基础。在不同阶段，快递企业选择的快递客户群是不一样的。在快递企业发展初期，往往先选择中小型客户；而企业发展到一定规模时，则将中高端客户群作为开发对象。选择快递客户应采取以下步骤。

①确定快递客户名单。在确定待选快递客户之前，首先要了解其寄递快件数量的大小、对运输速度的要求、价格期望值、所寄包裹的价值等，并把它们全部罗列出来。

②客户分类。分类的目的是使客户开发更具有针对性。在将各个快递客户进行划分之后，才能根据企业经营发展的需要，确定重点开发的客户类别以及具体的快递客户，以企业的优势资源为客户服务。

③确定具体开发的客户类别与具体客户。企业管理决策层应根据快递客户的具体需求、本企业经营发展现状、竞争对手状况、行业发展趋势等综合因素，确定开发的客户类别及具体要开发的客户。

(2)选择沟通方式

当积累了一定数量的快递客户后，快递企业需要确定与客户取得联系的方式并取得客户的信任。与客户取得联系的方式可采用电话联系、上门拜访、个人关系、直邮广告(DM)、派件服务、邮寄小纪念品等形式。下面介绍三种常用的方式。

①直邮广告(DM)。采取直接向客户寄送相关宣传资料的方式接触客户，较之电话联系更容易被客户所接受。同时，向客户派发企业的相关宣传资料可以让客户感觉到企业的优势、专业性与能力。派发的企业宣传资料内容可以包括：企业概况、可以为客户提供的系列快递业务的介绍、与企业所提供业务有关的专业问题分析、企业所能提供给客户的所有服务的详细说明，尤其是快递企业的特色服务，如保价服务、短信增值服务、代收货款服务等。

②邮寄小纪念品。向客户不定期地邮寄小的纪念品，其目的是更有效地将快递企业的信息直达客户，以引起对方的注意和重视，并可拉近快递企业与客户的关系。

③快件派送服务。利用给客户送快件的机会直接与客户沟通，这是最有效地与客户接触的一种方式。

无论采取哪种方式与客户建立联系，最终目的都是让客户认识企业，强化企业在客户心目中的地位，并给企业创造展示其优质服务的机会。

(3)制订时间表

时间表可以规范快递开发工作的进展。时间表的好处在于有规定的期限，使业务人员能够更好地把握自己的工作进度。在制订时间表时，需要有一定弹性，力求能够严格按照规定时间完成规定的客户开发工作。时间表虽然是根据不同的客户来制订的，但并不一定适合每一位客户，应根据工作的进展适时调整。时间表主要包括：计划的制订与总体时间安排；计划施行的具体时间段，如准备工作(材料的搜集整理等)时间、客户的沟通与反馈整理时间、效果评估时间等；阶段总结与开发效果评估的时间等。

(4)效果评估

其主要包括：对客户反馈的意见加以分析并找出企业存在的问题，客户是否愿意进行电话交流，客户是否打电话询问更详细的问题或提出更多的要求，客户是否要求企业做出快递服务预案等。

客户开发工作不可能一蹴而就，需要逐步推进。快递客户开发计划的目标要适度，否则会造成两大弊端：一是业务人员产生急功近利的思想；二是因任务过重完不成，损害业务人员的积极性，不利于客户的开发。

(5)注意事项

制订快递客户开发计划应注意的事项如下。

①快递客户开发计划要明确所需要的支持。客户开发过程中必然会遇到很多困难，单靠个别业务人员的个人能力是无法完成的，需要整个团队协同作战。这就要求企业不仅要提供人力支持，同时还要有资金和政策上的支持，应明确人员分工、资金投入、策略运用等，才能使客户开发工作不是无源之水、无本之木。

②快递客户开发计划要有目标、可预见效果及对客户的后期影响评估。用具体可量化的数字能够使决策者直观地了解所要开发客户的状况；通过对客户开发计划的可预见效果分析及对客户的后期影响评估，便于决策者作出切实可行的决定。

③制订快递客户开发计划应准备相应的材料，包括一份详细的公司简介、企业的基本快递物料材料(如文件袋/封、安全包装材料等)、详细的信息反馈卡等，以确定快递客户的价值取向，完善快递客户开发的相应流程。

④制订一个好的快递客户开发计划，还需要销售管理者深入客户调查研究，结合快递市场的发展以及企业的实际情况适时调整完善计划，及时总结创新。

3.客户开发计划的作用

制订快递客户开发计划，可以使快递客户开发工作变得更加有序、协调和高效。所谓有序，是指因为有了明确的目标以及为此而确定的工作步骤、工作重点和职责分工等，能够在实施过程中区分轻重缓急，保证重点工作，为完成总体目标奠定基础。所谓协调，是指通过快递客户开发计划做出事先的安排，能够较好地处理快递客户开发计划在实施过程中的预期目标与时间约束之间、目标与手段之间可能存在的矛盾，促进目标的顺利实现。所谓高效，是指因为有序和协调，能够尽可能地激励行为主体的积极性，减少客户开发的盲目性和随意性，避免操作中的重复浪费，从而提高效率。

## 二、制订快递客户开发计划的原则

制订快递客户开发计划，要根据客户需求、企业经营状况、快递市场的发展变化及时间的推移，适时调整和完善。制订快递客户开发计划应遵循以下三个原则。

1. 适用性原则

适用性原则是指快递客户开发计划既要根据客户需求的变化、企业经营状况、快递市场的发展适时制订，又要根据快递客户类型的不同设计具有针对性的开发计划。如快递企业可采用自上而下的制订模式，即从快递企业总部或者集团开始制订，再由分公司、基层经营单位进行细化整合；也可由具体从事客户开发的人员根据客户需求自下而上制订计划，再报上级部门审核。总之，快递企业要以“市场为指导，适用为原则”，根据快递客户需求（一般包含价格、速度、安全等方面）及时调整快递客户开发计划和快递服务产品体系。

2. 实用性原则

快递客户开发计划方案必须保持其实用性。为使客户开发计划具有实用性，快递企业必须围绕经营目标确定工作方针，根据方针来制订快递客户开发方法。客户开发计划的实用性主要体现在以下三个方面：一是快递客户开发计划必须实现其预定的目标；二是客户开发计划方案具有可操作性；三是客户开发计划方案具有时效性。

3. 创新性原则

创新是民族进步的灵魂，是快递企业兴旺发达的不竭动力。随着经济社会的发展，客户对快递服务的要求不断提升，快递市场的竞争态势不断变化，快递企业营销人员开发客户的难度也在不断增加。制订客户开发计划要适应新形势变化的需要，不断创新，与时俱进。

# 第二节　快递客户调查

快递企业的持续健康发展，离不开快递客户的支持。通过调查掌握快递客户的需求，对于快递企业提高客户开发质量、满足客户需要等尤为重要。

## 一、快递客户调查概述

开展快递企业客户调查，主要是为了掌握快递客户的真实需求，从而适时推出快递服务产品。

1. 客户调查的内容

快递企业客户调查的内容主要包含：快递客户的基本情况、所寄物品的价值、客户对速度的要求、对运输价格的要求、对快件安全的要求、客户月均寄件量等。快递客户信息调查表（表2-1）同其他行业的调查表一样，需要根据企业和客户的发展状况及时调整并创新。

**快递客户信息调查表**　　表 2-1

<table>
<tr><td colspan="2">客户名称</td><td></td><td>地　址</td><td colspan="3"></td></tr>
<tr><td colspan="2">客户类型</td><td></td><td>联系人</td><td></td><td>联系电话</td><td></td></tr>
<tr><td colspan="2">客户规模概述</td><td></td><td>寄件类型</td><td></td><td>均寄件量</td><td></td></tr>
<tr><td rowspan="4">服务要求</td><td>快递类型</td><td>客户实际需求</td><td>安全要求</td><td>时间要求</td><td colspan="2">价格要求</td></tr>
<tr><td>如：隔日达</td><td></td><td></td><td></td><td colspan="2"></td></tr>
<tr><td>……</td><td></td><td></td><td></td><td colspan="2"></td></tr>
<tr><td></td><td></td><td></td><td></td><td colspan="2"></td></tr>
<tr><td>备注</td><td colspan="6"></td></tr>
</table>

2. 客户调查途径

快递客户调查一般是先调查快递客户所在行业的特点，然后确定区域，最后再确定客户，大致有以下四种途径。

(1)通过快递客户所在的行业协会对客户进行了解。通常情况下，行业协会拥有较多数据，对行业内企业的特点比较清楚。通过向行业协会了解是一种比较常用的途径。

(2)通过政府报告和新闻媒体了解各类快递客户的信息。通过这种途径获得的客户信息往往是综合性的，应经过分析研究从中提取有价值的快递客户信息。

(3)直接咨询部分快递客户企业。这也是一种比较常用的快递客户调查途径，其主要优点是能直截了当地获取快递客户的信息。

(4)通过竞争对手了解快递客户信息。通过这种途径调查客户信息的难度较大，但如果获取到的信息是真实的，那么也是一种有效的途径。

3. 客户调查方法

在进行快递客户调查之初，通常采用定性分析的方法先确定快递客户群，而在整个调查过程中，则需要根据具体情况综合采用不同的调查方法。常用的快递客户调查方法如下。

(1)问卷调查法。问卷调查法亦称“书面调查法”，或称“填表法”，是通过向调查者发出简明扼要的征询单(表)，请其填写对有关问题的意见和建议来获得信息的一种方法。问卷一般有以下三种形式。

①报刊问卷。在报纸或刊物上刊登调查表，提请读者做出书面问答，并按指定地址寄回答案。

②邮寄问卷。把已印好的调查表寄给特定的对象，并请他们填好答案后寄回调查表。

③发送问卷。由调查人员把调查表发给集中在某处的调查对象，请他们当场填写后直接收回。

(2)客户投诉情况调查。在快递企业经营过程中，通过不同的投诉途径均能获取快递客户的意见，而通过分析和总结这些意见也是一种非常好的调查方式。另外通过电话、网络、当面沟通等方式，也能获得非常大的客户信息量。

(3)日常走访。快递业务员在日常收寄、派送过程中与客户交流，也是一种了解快递客户信息的有效途径。

(4)委托第三方调查。快递企业委托具有经验和资历的咨询公司、调查公司等第三方，开展快递客户调查。

## 二、快递客户调查流程

客户调查过程主要包括以下环节：制订工作目标，工作准备，关键点控制，细化执行，形成报告，形成调查流程表(表 2-2)等。

1. 界定阶段

界定阶段需要明确调查的目的和意义，与目标相关联的内容均需要考虑周全。针对快递客户而言，一般要考虑行业不同、地域不同、消费观念不同、企业大小与消费特点等，这些均应该在确定目标时加以界定，通常称之为界定阶段。

2. 设计阶段

设计阶段的内容包括：调查计划、收集客户信息资料、调查内容、调查表。

快递客户调查流程表　　表 2-2

| 快递客户调查流程 | 主要环节 |
| --- | --- |
| ①确定工作目标 | 制订工作目标（界定阶段） |
| ②制订调查工作计划<br>↓<br>③收集客户信息资料 | 工作准备（设计阶段） |
| ④客户信息筛选<br>无关→淘汰<br>有关↓ | 关键点控制（设计阶段） |
| ⑤实施调查<br>↓<br>⑥草拟调查分析报告<br>↓<br>⑦资料汇总 | 细化执行（实施阶段） |
| ⑧分析<br>无关→返回⑧<br>有关↓<br>⑨确定客户调查分析<br>↓<br>⑩提交 | 形成报告（结果形成阶段） |

(1)调查计划。一份完整的调查计划一般包含:调查目的和意义、调查参与人员、调查方法、调查的主要内容、调查涉及的企事业单位和个人、调查周期、调查阶段性节点、调查表模本。

(2)信息资料收集。针对快递客户而言,需要收集的信息资料一般包括:客户交寄快件或包裹的数量、快件或包裹寄达的区域、快件或包裹的价值大小、客户对快件或包裹运费的承受能力等。

(3)客户信息的筛选。通过对客户信息的收集,了解客户的相关信息,把符合本企业经营要求的客户资料,作为重点资料加以保管并存档。在客户需求与企业经营特点或企业发展战略重点不一致,而这类客户的需求又非常大的情况下,则需要另做分析报告,报请企业战略决策层确定是否需要重新调整企业的战略决策。

3. 实施阶段

实施阶段需要按照调查计划和调查时间,细化执行,并形成相关资料汇总。

4. 结果形成阶段

(1)资料汇总。将符合本企业经营需要的相关文字资料、数据资料汇总。汇总时要进行系统分类,一般包含三类:

①客户需求的分布区域;

②对运费的承受能力；

③对安全性的要求。

(2)分析。在系统汇总的基础上，用数据和百分比的形式加以表述，并灵活运用分析工具，对汇总的资料进行规律性和趋势分析。

(3)形成报告。要注意报告的针对性和完整性，用翔实的数据进行系统地分析，为决策者提供依据。

### 三、调查资料的整理与利用

1. 调查资料的归档

调查资料的归档是指经过调查研究后，将有关的调查表、客户信息等经过分析和汇总后，以文本或电子档案的形式予以归类，并制作封皮和目录予以保存的一种手段。

快递客户调查资料包括：客户所在行业的基本资料，客户的基本资料、基础数据，客户调查表、分析表等。

2. 调查资料的分类

调查资料的分类，是指将调查收集到的信息和资料，按照时间、类型进行有序细分的过程。快递客户调查资料分类包括：

(1)客户所在行业类，包括快递客户所在行业的资料和信息、从行业角度获得的快递客户需求。

(2)中高端客户类，包括中高端客户对寄递快件或包裹在安全方面的要求、对运费的要求、对速度的要求、对快件或包裹的价值大小的要求等。

(3)大众客户类(包含普通企事业单位和个人)，包括大众客户对寄递快件或包裹在安全方面的要求、对运费的要求、对速度的要求、对快件或包裹的价值大小的要求等。

3. 调查资料的利用

调查资料的利用，是指快递企业依据自身的经营现状和未来发展，结合调查资料反映的客户需求及特点，利用调查获得的资料和信息，指导企业经营管理的活动。调查资料的利用率越高，反映出调查工作的成效越大。

## 第三节　快递客户购买行为分析

每位消费者都有消费习惯。对于快递企业而言，通过科学地分析消费者的购买行为，可以更有效地指导快递客户开发工作。

### 一、企业及个人购买行为分析

企业或个人购买快递服务，是在一定消费心理支配下的快递客户的消费行为。

1. 企业购买行为分析

企业客户在选择快递服务时，考虑的因素相对较多，如快递品牌、快递企业的网络覆盖范围、增值服务、批量交寄快件的价格、快件运输的安全程度、报关的速度等。

(1)快递品牌。企业客户在选择快递服务时，往往会考虑所选快递企业与客户自身的形象是否相称。如果客户是国际大公司，往往会选择一家大型且具有一定品牌影响力的快递企业作为合作伙伴。其对快递服务的安全性、快件传递速度的要求会相对较高，而对快递服务价格的考虑会相对较少。

(2)快递企业的网络覆盖范围。产品经销范围覆盖全球的企业客户，往往会选择具有全球服务能力的快递企业作为合作伙伴；产品经销范围覆盖全国的企业客户，往往会选择具有全国服务能力的快递企业作为合作伙伴；产品经销范围覆盖局部地域的企业客户，一般会选择具有局部地域服务能力的快递企业作为合作伙伴。

(3)增值服务。随着购买力的增强，企业客户对快递服务的需求也会"水涨船高"，可供企业客户选择的快递服务品种也越来越多。企业客户不仅仅关注快件传递的安全和快速，还关注快递企业的售后增值服务，如打印运单、保价运输、代收货款、短信服务、网络随时查询等。为企业客户提供增值服务，已成为快递企业吸引企业客户的重要举措。

(4)决策者的影响。决策者个人的喜好会影响该企业客户的购买行为。当企业客户决定选择一家快递服务企业作为合作伙伴时，决策者往往优先考虑的是自己熟知或认同的快递企业，然后再从这些快递企业中挑选出最合适的。

2. 个人购买行为分析

影响个人购买快递服务行为的主要因素有：

(1)个人客户对快递服务的整体印象。个人客户对快递服务的整体印象非常重要，这决定着个人客户是否愿意接受快递消费。

(2)快递服务的价格与寄递速度。个人客户在选择快递服务时，主要考虑的是价格要经济实惠，寄递速度要能达到客户的要求，而对快递品牌的选择相对不敏感。个人客户交寄的物品一般价值不会太高，虽然个人客户也会考虑运输安全因素，但与寄递高价值物品相比，要求相对会弱一些。

(3)快递服务的便利性。快递服务是一种门对门、桌对桌的服务。只要客户给快递企业打一个电话，就会有快递业务员上门服务；或者在快递企业网站点击一下鼠标，就可以下单寄递物品。个体客户使用快递服务时，往往看重快递服务的便利性。

(4)客户的兴趣和爱好。随着网上购物、电视购物的兴起，人们已经在享受这些新的购物方式，对使用快递寄递所购物品的需求明显增加。

3. 企业与个人购买行为的差异化分析

企业与个人购买行为的不同主要表现在：

(1)企业客户主要看重交寄物品的安全与否，而个人客户主要看重快递服务价格的高低。

(2)企业客户在选择快递服务时会综合考虑许多因素，而个人客户选择快递服务时考虑因素较少，对快递企业的资质了解也较少。

(3)企业客户交寄快件在时间和间隔上相对固定，而个人客户交寄快件在时间和间隔上往往是不固定的。

## 二、中高端客户购买行为分析

中高端客户在选择快递服务时，考虑的因素相对较多，如快递品牌、快递企业的网络覆盖范围、增值服务、批量交寄快件的价格、快件运输的安全程度、报关的速度等。影响中高端客户购买快递服务行为的主要因素有：

(1)中高端客户所选的快递企业往往有较高的品牌影响力、资质和服务水平，有能满足客户需要的网络覆盖范围，要求服务人员有较高的素质和良好的形象，能体现客户自身价值。

(2)中高端客户所寄快件一般都属于商务往来，其考虑的是用最少投入获取最大回报，所选择的快递企业要能满足在运递时限和运输安全方面的要求，一旦发生意外有理赔保障。

(3)中高端客户购买快递服务比较理性，所选的快递企业相对较固定，与快递企业合作周期较长。

(4)中高端客户注重从快递企业的管理能力来看其可持续发展潜力，而不仅仅看其静态的实力和体制的安全性，看重快递服务的使用价值。

(5)中高端客户更容易接受、尝试新的快递服务产品与新的增值服务。

(6)中高端客户对快递服务信息的搜寻掌控能力强。

### 三、大众客户购买行为分析

大众客户也称为普通客户、低端客户，这类客户的数量较多。影响大众客户购买快递服务行为的主要因素有：

(1)大众客户一般不太考虑快递企业的品牌影响力和资质，对快递企业的服务方式、服务态度和服务水平的要求一般。

(2)大众客户购买快递服务比较感性，往往选择价格低廉和传递速度能满足要求的快递企业，一般没有相对固定的寄件时间，与快递企业合作的周期较短。

(3)大众客户一般不注重从快递企业的管理能力来看其可持续发展潜力，而关注快递企业的静态实力和体制的安全性。

(4)大众客户不容易接受和尝试新的快递服务产品和新的增值服务。

(5)大众客户一般不会特意收集快递企业的信息，而是凭直觉来选择快递企业。

### 四、中心商务区(CBD)客户群购买行为分析

随着全球化趋势的日益增强，中心商务区(CBD)客户群体的构成也在发生变化，其购买行为与中高端客户的购买行为存在很多相似性。对中心商务区客户群的购买行为分析，可从以下几种“疑虑心态”入手。

(1)服务质量疑虑：快递企业的服务质量是否符合其要求，快递服务人员的综合素质是否与客户所在高档写字楼的环境要求相称等。

(2)服务价格疑虑：快递企业所设定的快递服务价格体系是否合理，收取服务费用的方式是否适宜。

(3)服务产品细节疑虑：快递服务细节对客户的影响较大，客户往往需要了解快递时限、运递环节、保价、理赔等细节后，才会购买快递服务。

(4)服务承诺疑虑：在选择快递企业时，客户看重快递企业的服务承诺，如按时取件和投递、保险与理赔、快件跟踪查询等，对快递服务的时效性要求尤为严格。

(5)服务费用疑虑：客户购买快递服务看重的是“物有所值”，如果费用高于客户心理预期值而又没有得到合理的解释，客户就会转向购买其他企业的快递服务。

(6)增值服务疑虑：快递企业通常会在促销或者争取客户的阶段，推出相应的增值服务。这些增值服务是否有实际意义，能否如实兑现，都是客户购买快递服务时所考虑的因素。

## 第四节　快递客户开发过程

在快递企业开发客户的过程中，首先应识别潜在的快递客户，然后再针对客户的特点和潜在需求进行具体开发。

## 一、识别潜在快递客户

1. 选择潜在客户

快递企业的客户开发人员往往会在“有效利用客户资源”与“准确把握潜在客户”之间心存疑虑，到底是在“有效利用客户资源”上做足文章，还是在“准确把握潜在客户”上下功夫呢？

“有效利用客户资源”即企业要紧紧抓住每一个潜在的快递客户，要挖掘每一个快递客户的潜在价值。“准确把握潜在客户”即企业要学会放弃一些不可能使用本企业快递服务的客户，而把开发力度集中在那些可能使用本企业快递服务的客户身上。

这里的关键在于如何把握潜在客户。判断潜在客户有两个条件：一是暂时还未使用过本企业的快递服务；二是有使用快递服务的需求。同时符合这两个条件的，就可以认为是本企业的潜在客户。

有的快递客户，确有使用快递服务的需求，但他在使用别的企业的快递服务时，有拖欠服务款项等不良记录，那么就应慎重选择这类客户。

总之，有使用快递服务的需求，有良好的快递使用信誉，但目前还未使用过本企业快递服务的客户，就可以优先列为本企业的潜在快递客户。在快递服务销售工作中，“舍”与“得”同样重要，有舍才有得。

2. 寻找潜在客户的方法

寻找潜在客户的方法非常多。不过，没有任何一种方法是普遍适用的，没有任何一种方法可以确保一定成功。作为销售人员，需要不断地进行总结，只有不断地总结，才能找到一套适合自己的方法。

(1)逐户寻访法

该法又称为普访法、贸然访问法，就是指销售人员在特定的区域或行业内，用上门访问的形式，对那些可能成为客户的单位、组织、家庭乃至个人逐一地进行访问并确定销售对象。逐户寻访法遵循“平均法则”原理，即认为在被寻访的所有对象中，必定有销售人员所需要的客户，而且分布均匀，其客户的数量与访问对象的数量成正比。

逐户寻访法是一个古老但比较可靠的方法，它可以使销售人员在寻访客户的同时，了解客户、了解市场、了解社会。该法的缺点是费时、费力，带有较大的盲目性。随着人们对住宅隐私越来越重视，这种逐户寻访法的实施难度也越来越大。

(2)客户引荐法

该法又称为连锁介绍法、无限连锁法，就是指快递企业的现有客户向该企业销售人员介绍他认为有可能会使用该企业快递服务的潜在客户的方法。常用的介绍方法主要有口头介绍、写信介绍、电话介绍、名片介绍等。实践证明，客户引荐法是一种比较有效的寻找潜在客户的方法，它不仅可以大大地避免相关工作的盲目性，而且有助于销售人员赢得新客户的信任。

使用客户引荐法销售快递服务，销售人员首先应该取信于现有客户；其次对现有客户介绍的客户，应该对其进行详细的评估和必要的营销准备，要尽可能地从现有客户处了解新客户的情况；最后，在销售人员访问过新客户后，应及时向现有客户介绍与汇报情况，一方面对现有客户的介绍表示感谢，另一方面也可以继续争取现有客户的合作与支持。

(3)光辉效应法

该法又称为中心辐射法、名人效应法或影响中心法等，属于介绍法的一种应用特例。

它是指销售人员在某一特定的区域内，首先寻找并争取有较大影响力的中心人物为客户，然后利用中心人物的影响与协助，把该区域内可能的潜在客户发展为客户的方法。一些中心人物的购买与消费行为，可能在其崇拜者心目中形成示范作用与先导效应，从而引发他们的购买行为与消费行为。光辉效应法适合于一些具有一定品牌形象、具有一定品位的快递服务或产品销售。

(4)直接邮寄法

直接邮寄法具有成本较低、接触的人较多、覆盖范围较广等优点。在有大量可能的潜在快递客户需要快递服务的情况下，用直接邮寄的方法来寻找潜在快递客户不失为一种有效的方式。

(5)电话营销法

所谓电话营销法，就是指利用电信技术和受过培训的人员，针对可能的潜在快递客户群进行有计划的、可衡量的市场营销沟通。运用电话营销法寻找潜在客户，可以在短时间内接触到分布在广阔地区内的大量潜在客户。

(6)滚雪球法

所谓滚雪球法，是指每次访问客户之后，销售人员向客户询问其他可能对该产品或服务感兴趣的人的名单，这样就像滚雪球一样，在短期内就可以开发出数量可观的潜在客户。

(7)资料查阅法

该法又称间接市场调查法，即销售人员通过各种现有资料来寻找潜在客户的方法。不过，使用该法需要注意以下问题：一是对资料的来源与资料的提供者进行分析，以确保资料与信息的可靠性；二是注意资料是否因为时间关系而出现错漏等问题。

(8)市场咨询法

所谓市场咨询法，就是指销售人员利用社会上各种专门的市场信息咨询机构或政府有关部门所提供的信息，来寻找潜在客户的方法。使用该法的前提是存在发达的信息咨询行业。使用该法的优点是比较节省时间，所获得的信息也比较客观、准确；缺点是费用较高。

3.引导潜在客户的购买行为

快递服务销售人员在销售过程中常见的问题是，销售人员为潜在客户精心准备了销售方案，潜在快递客户却并不关心或兴趣不大。究竟是哪个环节出了问题呢？事实上，无论是个人、家庭还是公司，在决定购买某种产品之前都会有一个决策过程，决策者会对一系列因素进行综合权衡。销售人员应掌握潜在快递客户在购买决策过程中的影响因素，以便激发潜在客户的兴趣与购买欲望。

(1)把握内、外部影响力

潜在快递客户的购买影响力包括内部影响力和外部影响力。当潜在快递客户以组织或企业的身份出现的时候，其购买影响力通常会涉及物流部门、行政部或者基层单位。因此，作为优秀的销售人员，需要善于识别内部影响力、外部影响力以及对采购中心不同角色人员进行正确判断，为推进销售进程扫清障碍。

所谓内部影响力，就是指那些影响购买决策者做出某种判断或选择的自身的因素，比如性格特点、爱好、教育背景等。而外部影响力，则是指那些不受购买决策者自身因素的影响而使其做出某种判断或选择的因素，比如外部环境、供需关系以及宏观经济、大政方针政策等。换句话说，内部影响力更多的是主观因素，而外部影响力更多的是客观因素。两种影响力在多数情况下是相互影响、相互作用的。内部影响力常常会影响到决策者对外部影响力的判断，而外部影响力则常常影响到决策者对内部影响力的认知与分析。

内部影响力一般有如下一些因素构成：需要、欲望、个性、理解力、自我观念、态度和动机等。为此，优秀的快递服务销售人员，需要对潜在客户上述内部影响力的各个组成要素有清晰的认识，并能在不同的时间与场合辨别这些影响因素对潜在客户所起作用的大小。为了达到上述要求，销售人员需要对自己的沟通风格、知识层次、职业习惯等进行全方位检查与调整，发现有不足之处，需要立即弥补，只有通过这样不断地自我学习、积累经验，才能在销售工作中有所提高。

潜在客户的外部影响力比较分散，且随时间、地点的变化而不同。严格意义上说，时间和地点在某种情况下也可能成为影响潜在客户做出判断或选择的外部影响力因素。通过大量的研究发现，潜在客户的外部影响力构成要素主要有如下一些方面：职位、工作年限、公司规模、参照群体、潮流趋势、竞争关系、供需状况、宏观经济、政策导向等。

一个优秀的销售人员，在销售过程中，不仅要善于了解与潜在客户紧密相关的外部影响因素，同时还要正确认识、评判大局形势，对宏观经济和政策导向等做到心中有数，唯有如此，才能做到对潜在客户的全方位影响，促使潜在客户使用本企业的快递服务。

(2)寻找关键人物

优秀的销售人员能够在与潜在客户接触的有限时间内，迅速地识别出那些对推进销售进程具有影响力的关键人物，并努力与之建立良好的业务与个人关系。

通常情况下，那些既有权力又有影响力的高级管理人员，往往扮演着决策者的角色，如总经理、人力资源经理、财务经理、行政或办公室主任等。他们可以通过自身的影响力提供支持或做出承诺，促成销售目标的实现；反之，他们也可能通过权力否定购买方案或购买决策。

一个优秀的销售人员，在识别出关键决策者之后，依然不能对物流中心、行政部、办公室的其他成员掉以轻心；否则，任何的一点疏忽都可能使销售工作前功尽弃、功亏一篑。

作为销售人员，在没有对潜在客户的采购中心成员有全面的认识之前，绝不能对任何人带有成见，对于那些看似没有什么权力和影响力的人员也不能忽视。事实上，物流中心、行政部、办公室作为公司的重要组成部门或组织，其每个成员都有一定的建议权。因此要清醒地认识到，在没有与潜在客户签署正式的合作协议之前，采购中心的任何一个成员都可能使项目变得“一切皆有可能”。

一个优秀的销售人员还需要明白，上述这些归属不同部门的办公室成员，他们所扮演的角色及其拥有的权力与影响力会随着时间的推移、环境的变化而变化，并非一成不变。所以，销售人员需要对这些人员的分类及应对措施进行不断更新，而不是墨守成规。

(3)寻找更多的支持者

销售人员销售快递服务的过程，就是销售人员与潜在客户互动沟通的过程。在这个过程中，销售人员除了与采购中心不同角色的人员打交道外，还需要与更广范围内的不同人员打交道。一个优秀的销售人员往往会在更大范围内寻找帮助、支持，并最终促成销售。

首先，销售人员要善于寻找并界定同盟者。这里的同盟者可能是潜在客户公司的员工，也可能是与潜在客户有着直接或间接关系的人员。他们拥有的权力与影响力可能是不同的。此外，销售人员还要善于寻找魅力四射的影响者。每个公司中都会存在一个由魅力四射的影响者所构成的“影响力焦点”。魅力四射的影响者并非都在行政岗位，公司的各个层面都能发现他们的踪影，他们经常接近高层管理者，但仍然保持低调并从容工作。

## 二、开发潜在快递客户

1. 挖掘潜在客户的需求

(1)旁敲侧击，寻求突破

“销售商品前先站在客户的立场上销售自己”，“接近客户的三十秒，决定了销售的成败”，这些是成功的销售人员共同的体验。自信是第一步，销售人员要有勇气展现自己的沟通能力和销售信心。在初次接近客户时，往往无法迅速打开客户的“心防”。与其直奔主题谈论商品不如谈些有关天气、球赛等话题或谈些街坊邻居的事情，有时让客户接纳销售人员自己比喜欢你销售的产品更重要。

(2)乘胜追击，挖掘需求

销售快递服务首先要给客户一个购买的理由。客户的需求永远是多方面的，销售希望远比销售产品更重要。快递企业的一线销售人员面对客户时，应该学会掌控语言，以发掘客户真正的需求，并针对客户的需求引导消费，实现最大的销售业绩。

(3)体验消费，细节制胜

客户购买快递服务的过程是一种体验过程。愉悦、兴奋、满足的购买体验，会引导消费者再次到能产生这种体验的场所重复购买。这无论是对于快递企业还是对于服务业来说，都是培养忠实消费者的过程。销售就是帮助快递客户满足需求，如果客户没有需求，那么也就不存在销售。发掘快递客户的深层次需求，是销售人员必须历练的重要一课。销售人员了解客户的需求至少要区分两个层面，第一是直接层面的需求，如年轻客户需要寄递老年用品；第二是深层次的需求，也就是客户需求背后的需求，如年轻客户寄递老年用品真正目的是为了孝敬在外地的父母。

销售在于细节制胜，“细节决定成败”。对每天和客户打交道的销售人员来说，语言的确很重要，一个销售协议的达成往往决定在语言细节的把握上；同时，销售人员也可以通过客户表现出来的诸多细节信息，判断客户的真实需求，从而真正达到挖掘潜在客户的目的。

2. 促成快递服务的成交

(1)直接成交法

这一方法是指由销售人员直接邀请成交。例如，“我能否为您提供快递服务”，这一方式简单明了，在某些场合十分有效。当销售人员对客户的疑问做出了令客户满意的解说时，直接邀请就是很恰当的方法。

使用直接成交法的时机要把握好，若客户对你的产品有好感，也流露出购买的意向，发出购买信号，可又一时拿不定主意，或不愿主动提出成交的要求时，销售人员就可以用直接成交法来促成客户购买。有时候客户表示出了兴趣，但思想上还没有意识到成交的问题，这时销售人员在回答了客户的提问，或详细地介绍了产品或服务之后，也可以提出请求，让客户意识到该考虑购买了，即用直接成交法促成客户购买。

(2)假定促成交易法

此类方法是指快递服务销售人员在假定快递客户已经接受了快递服务，同意使用快递服务的基础上，通过提出一些具体的成交问题，直接要求客户购买的一种方法。例如，“您看，假设用了我们公司的快递服务以后，成本有所降低，效率也提高了，更重要的是能帮助您在最短的时间内达成您赋予我们的使命，不是很好吗”。

3. 快递客户开发技巧

在快递客户开发中常用的一些技巧如下。

(1)拜访客户前准备要充分

现在很多业务员一旦发现目标客户，马上就会拿起电话联系或带上资料直接登门拜访，这样很可能会因为准备不充分而被客户拒绝，浪费了宝贵的客户资源。正确的做法是：在给客户打第一个电话前或登门拜访前，尽可能多地了解客户的各种信息，尤其是他们的需求信息，还要想好对方可能提出的问题、可能发生争议的焦点、让步的底线等，准备得越充分，成功的几率越高。另外，接洽陌生客户前应先通过电话等渠道来沟通，这样可以大大提高工作效率。

(2)成为快递服务产品销售的专家

大客户不同于一般客户，其专业性要求很高。因此，业务人员对所推销的快递服务是否有足够的了解，是否能给客户以信心，就成了成交的关键因素。所以，做一个在你所销售的产品领域的专家，对促成业务非常有帮助；反之，如果销售人员对自己所销售的快递服务都没有充分了解，那么客户就无法放心使用你的服务。

(3)为客户创造价值

有价值的合作才能持久。不要以为达成初步合作或抓住了一个关键负责人就可以长久地拥有这个大客户。想长期合作的唯一方式就是为大客户不断创造价值。如果企业所提供的快递服务对于大客户来说是有价值的，甚至是不可替代的，那么即使不去维护关键的负责人，也可以长期拥有该大客户。为客户提供大的价值只靠销售人员是很难做到的，这要靠整个快递企业的有效运作来完成。这正是一个快递企业长久生存与发展的关键所在。

(4)关注竞争对手

有些大快递客户为什么不与本企业合作呢？不是他们没有快递服务需求，而是企业的竞争对手更好地满足了他们的需求。因此，对竞争对手的关注很重要。通常快递企业开发大客户时往往把全部力量都放在大客户这边，其实真正影响本企业能否与大客户达成交易的是同行业竞争对手。在了解大客户情况的同时，快递服务销售人员也要全面了解竞争对手的情况，包括：他们的实力，他们可以为大客户提供什么服务，他们的底线是什么、弱点是什么、强项是什么等，了解得越清楚，争取大客户的把握就越大。

(5)设立相应机构

开发大客户时常用的方法是，一个大客户安排由一个销售人员专门负责。当一名销售人员面对一个内设机构复杂的大客户时，那种全面、专业的需求往往会使其显得力不从心。为此，快递企业应设立一个大客户开发支持中心，由企业决策层领导牵头，再由专职的大客户开发人员与销售部、策划部员工组成。当销售人员在开发大客户过程中遇到困难和问题时，可随时向支持中心求援，及时化解困难、解决问题，提高开发效率和成功率。支持中心应设数据库，包括成功案例、成功技巧、经验教训总结、客户数据信息、企业可提供的支援情况等，既可为销售人员提供一些具有针对性的思考与行动依据，也为快递企业的客户开发积累宝贵的经验与数据。

(6)流程分解

大客户的情况较为复杂，销售人员的个人能力是有限的。为了提高开发大客户的效率，可以把开发流程按照寻找大客户、意向性接触、进一步沟通、跟进、交易、维护等主要环节划分出来，对照相应环节设置专门岗位、配置专门人员，使大客户开发工作专业化。比如，派专人负责从网络、报纸、电视等途径搜集客户信息，因为总重复这样的工作，会逐步积累经验，加快处理速度，提高工作效率；而负责初步意向性接触的工作由电话营销人员负责，这些员工自然更善于电话营销的技巧，能迅速探得客户的虚实；对有意向的客户，则安排善于同客户面对面沟通的“跑外”销售人员来负责；达成基本合作意向后，或客户有专业性的问题时，派精通专业的人员与客户洽谈合作细节并做进一步沟通，因为这个环节是体现为客户所能带来价值与打消客户顾虑的环节，所以洽谈与沟通越专业越有效；合同谈下来后，交由负责客户关系的专人进行客户维护；还要建立科学的制度与流畅的信息化模式，使各个环节“无缝”衔接。如此一来，员工可以发挥各自所长，重复去做又可以熟能生巧，效率自然大大提升。当然，可根据实际情况，一个员工负责一至两个环节。

大客户开发采用流程作业，必须根据快递企业自身情况处理好工作分配与利益分配的关系；否则，会因为某个环节工作人员的积极性不高而影响到整个大客户开发流程的顺畅，增加内耗，降低效率。

(7)客户推荐

如果能让本企业的现有大客户向其他客户推荐你的快递服务，效果将远胜过销售人员自己推销。方法有两个：一是让利益作为杠杆，如现有客户介绍一位新客户，快递企业可以对现有客户提供更大优惠；二是与现有客户搞好公关，鼓励其推荐新客户（客户的推荐只是帮销售人员打开了下一个客户的大门，进去之后还是要靠销售人员自己去争取）。

(8)重视决策者身边的人

大客户企业内的助理、秘书等一些决策者身边工作的人，虽然没有决策权，但有很强的决策影响力，甚至会直接影响到开发工作的成败。如果销售人员与他们建立良好的工作联系，他们会成为销售人员业务上的引领者，并会提供各种方便。

(9)公关手段创新

快递客户的消费行为是由消费意向支配的，消费决策决定消费行为。销售人员要影响客户的消费行为，首先要影响客户的消费决策和观念。在趋于同质化的快递服务市场中，客户先认可了谁的品牌，谁就是赢家。快递企业要勇于承担社会责任，积极开展公益性活动，积极参加抗震、救灾等慈善公益活动，树立良好的公共形象，提升快递企业品牌的知名度。

## 【思考与练习】

**一、问答题**

1. 简述制订快递客户开发计划的原则与作用。
2. 快递客户调查有哪些方法？
3. 快递客户调查有哪些步骤？
4. 快递客户开发有哪些方法？
5. 试述不同的快递客户有哪些不同的购买行为。

**二、实训题**

写一份快递客户开发计划，并尝试开发一个快递中高端客户。

# 第三章　快递市场营销策略

**【内容提要】**

快递企业不仅要不断满足客户的需求，而且必须积极主动地采取有效措施来适应快递市场的变化。本章从快递产品、价格、分销渠道、促销等方面，重点论述了快递企业制订市场营销策略的方法。

## 第一节　快递目标市场策略

由于客户对快递产品需求的多样性、变动性以及快递企业资源的有限性，任何一家快递企业都不可能满足所有客户的所有需求。因此，快递企业在市场营销过程中，必须进行市场分析，选择目标市场，做出市场定位，并结合目标市场的特点和结构，有针对性地制订市场营销策略。制订快递目标市场策略分为三个步骤，如图 3-1 所示。

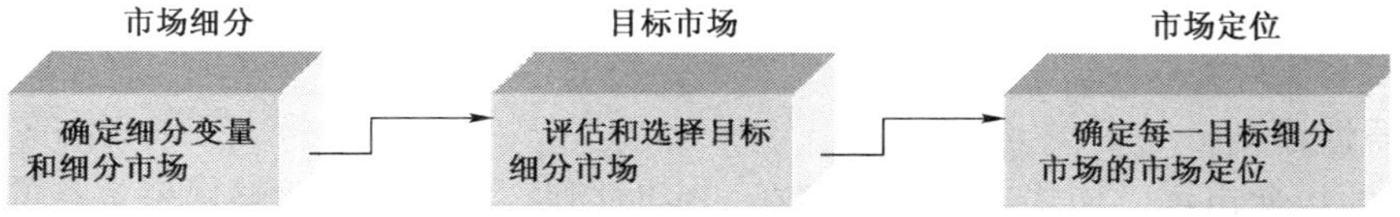


图 3-1　快递目标市场策略三步骤

### 一、快递市场细分

任何一个企业都无法满足整个快递市场的全部需求。因此，在进行快递市场细分的基础上选择快递目标市场，是市场营销的关键。快递企业需要根据客户对某一类快递产品或服务的需求，把客户细分为若干群体，然后结合特定的市场环境和资源条件，选择特定的市场作为快递企业的目标市场，并制订有针对性的快递市场营销策略。

#### (一)快递市场细分的概念

市场细分是美国著名市场学家温德尔·斯密在总结一些企业的市场营销实践经验基础上，于 20 世纪 50 年代中期提出来的。所谓市场细分，是指企业按照客户的一定特性，运用系统分析方法，将市场上所有客户划分成若干个客户群，每个客户群构成一个子市场或细分市场，以用来确定目标市场的过程。市场细分的主要目的，是为产品设计、选择新市场和制订相应的策略等提供依据。

随着国民经济的发展和人民生活水平的提高，我国快递市场规模不断扩大，对快递服务的需求也越来越多样化。对快递市场进行细分，是企业制订市场营销策略的基础。

快递市场细分，指快递企业按照某种标准，将快递市场上的客户划分成若干个客户群，形成不同的细分市场。快递企业可针对每个细分市场，制订有针对性的市场营销策略组合，使快递企业营销的产品更符合不同特点客户的需要，从而扩大市场占有率，提高产品的竞争能力。快递市场细分有如下作用：

(1)有利于快递企业选择最有效的目标市场，发现和利用新的市场机会；

(2)有利于快递企业更合理地配置市场营销资源，取得竞争优势和良好的经济效益；

(3)有利于快递企业不断开发新的快递产品，满足不断变化的、个性化的快递客户需求。

### (二)快递市场细分的原则、标准和方法

1. 快递市场细分的原则

在进行快递市场细分时，必须遵循差异性、可衡量性、可进入性和效益性四项原则。

(1)差异性原则

在整个市场中，不同消费群体之间存在着消费需求与购买行为的差异性，正是这种差异性使得市场细分成为可能。反之，如果市场具有高度同质性，就没有必要、也无法进行市场细分。

(2)可衡量性原则

可衡量性是指细分后的快递市场不仅有明显的范围，而且也能估算出快递市场的规模及其购买力的大小。快递市场细分的标准也必须是确定的、可以衡量的。通过这些标准的使用，能够准确显示消费者需求和购买行为的差异，并能对这些差异做出定量分析。

(3)可进入性原则

可进入性是指快递企业能够有效进入细分后的快递市场。也就是说，快递市场的细分和选择必须适应企业的营销和开发能力，快递企业可以进入细分后的市场并占有一定的市场份额，否则就没有实际意义。

(4)效益性原则

细分后的快递市场应使快递企业能够在一定时期获取效益，并能够保持效益的稳定性，不仅要有企业经济效益，还要有社会效益、生态效益。

2. 快递市场细分的标准

快递市场之所以可以细分，是由于快递消费者的需求存在差异性。引起快递消费者需求差异的因素众多，可以综合考虑有关因素灵活进行市场细分。

(1)按地理位置细分。由于快递活动所处的地理区域不同，而不同区域的经济规模、地理环境、需求程度和要求等差异较大，使快递活动中的生产成本、技术与管理等存在较大差异；不同区域的客户对快递服务的需求也会各有特色，这就使得快递企业必须根据不同区域的需求确定不同的营销策略，以取得最佳经济效益。

(2)按客户所在行业细分。由于客户所在行业不同，对快递的需求也各不相同；但同一行业内的客户，对快递需求又具有一定的相似性。从宏观上看，快递市场可以细分为农业快递市场、制造业快递市场、商贸业快递市场等。

(3)按客户业务规模细分。不同客户对快递服务的需求量是不一样的，可以按照客户对快递服务需求量的大小来细分市场。

(4)按物品属性细分。客户寄递物品的属性差异较大，如寄递工业材料、艺术品、古董、电影胶片、医药用品等。快递企业在寄递过程中，处理、运送不同属性物品的作业量和安全方面的要求差别会较大，而且也会影响快递质量和经济效益。快递企业可以据此对快递市场进行细分，并根据企业的自身条件选择合适的目标市场。

(5)按照客户利益细分。以客户利益为标准，快递市场可细分为价格需求型、速度需求型、

安全需求型。价格需求型客户主要关注速递业务的运抵价格，一般喜欢货比三家，选择最便宜的速递业务服务商；速度需求型客户主要关注速递业务的时限，对时间要求苛刻，而对价格、较不敏感；安全需求型客户主要关注交寄的物品能否安全运抵，一般寄递的物品相对较特殊。

3. 快递市场细分的方法

对快递市场进行细分的方法主要有单一变量因素法、多个变量因素法和系列变量因素法三种。企业可采用其中一项标准灵活地细分市场。

（1）单一变量因素法

单一变量因素法就是根据影响快递购买者需求的某一项重要因素划分快递市场。比如，通过地理区域、客户业务规模、物品属性、客户利益等不同因素划分市场。

（2）多个变量因素法

多个变量因素法就是根据影响快递购买者需求的两种或两种以上的因素对快递市场进行细分。比如，快递企业可以按照客户所在行业、客户业务规模、消费额三个因素对快递市场进行细分。这是目前许多快递企业所普遍运用的方法。

（3）系列变量因素法

系列变量因素法就是根据快递企业经营的特点，并按照影响消费者需求的诸因素，由粗到细进行市场细分。这种方法可以使目标市场更加明确而具体，有利于企业更好地制订相应的营销决策。例如，快递企业可以先依据地理区域对市场进行细分，然后依据客户的规模进行细分，最后再依据客户所在行业的不同对市场进行细分。

## （三）快递市场细分的程序

美国市场学家麦肯锡提出了细分市场的一整套程序，这一程序包括七个步骤，一般称其为“细分程序七步法”。

（1）选定产品市场范围。即确定进入什么行业，生产什么产品。产品市场范围应以客户的需求而不是产品本身特性来确定。例如，某一快递企业打算在各大城市推出一种同城速递业务，若只考虑产品特征，该企业可能认为这种产品的需求对象是该城市居民用户，但从市场需求角度看，许多外来人群也可能是这种快递服务的潜在客户。因为外来人群在城市中，也需要借助快递来传递文件和物品，从而成为这种快递产品的用户。

（2）列举潜在客户的基本需求。比如，快递企业可以通过调查，了解潜在消费者对上述快递的基本需求。这些需求可能包括：快件的种类、大小、重量、价格、安全、方便、准时、快捷、周到，还有其他一些个性化服务等。

（3）了解不同潜在客户的不同要求。对于列举出来的基本需求，不同客户关注的侧重点可能会存在差异。比如安全、方便、准时、周到可能是所有客户共同关注的，但有的客户特别重视快递的速度，希望快捷；另外一类客户则对快递的价格比较敏感，希望经济实惠；还有一些客户可能有个性化服务的要求。通过这种差异比较，不同的客户群体即可被识别出来。

（4）抽掉潜在客户的共同要求，而以特殊需求作为细分标准。上述所列举的客户共同的要求固然重要，但不能作为市场细分的基础。如安全、周到是每位用户的要求，就不能作为细分市场的标准，因而应该剔除。

（5）根据潜在客户基本需求上所存在的差异，将其划分为不同的群体或子市场，并赋予每一个群体或子市场一定的名称。

（6）进一步分析每一细分市场的需求与购买行为特点，并分析其原因，以便在此基础上决定是否可以对这些细分市场进行合并，或做进一步细分。

(7)估计每一细分市场的规模。即在调查基础上，估计每一细分市场的客户数量、购买频率、平均每次的购买数量等，并对细分市场上产品竞争状况及发展趋势作出分析。

## 二、快递目标市场选择

对快递市场进行细分的目的，是为了选择所要进入的目标市场。快递目标市场的选择包括四个重要组成部分，即评估细分市场、选择目标市场模式、选择目标市场策略以及考虑其他因素的影响。

### (一)目标市场的选择过程

1. 目标市场的概念

目标市场就是市场营销者准备为之提供产品和服务的细分市场。目标市场的选择就是在诸多细分市场中选择最为合适的细分市场作为目标市场的过程。

2. 快递目标市场的选择过程

快递目标市场的选择过程，就是指快递企业从按各种标准进行市场细分开始，直到确定目标市场的全过程。在这个过程中，要运用SWOT等分析方法，对各个细分市场的发展潜力、增长率、竞争状况以及企业所拥有的资源能力、竞争优势等进行评估，选择的过程就是评估的过程。一般地讲，快递企业在选择快递目标市场时需要依据以下几个基本条件。

(1)要有一定的快递需求规模

这是非常重要的条件，如果没有一定的快递需求规模，快递企业就不能充分体现行业的强势，该市场也就构不成现实的市场和企业的目标市场。

(2)要有快递发展潜力

即快递市场上有尚待满足的需求，有良好的发展前景，以保证快递企业的稳定发展。

(3)要有足够的吸引力

所谓吸引力，主要指长期盈利能力的大小。一个市场可能具有适当规模和增长潜力，但从获利观点看不一定具有吸引力。决定快递市场是否具有长期吸引力的因素主要有竞争者的数量和质量、快递需求欲望的强弱和专业能力、各类辅助手段的完善程度和质量等。快递企业必须充分估计这些因素对长期获利率所造成的机会和威胁，以便做出明智的选择。

(4)要符合快递企业的目标和实力

理想的目标市场，还必须结合快递企业的目标与实力来考虑。有些细分市场虽然规模适合，也具有吸引力，但如果不符合企业自身发展目标，就只能选择放弃；如果符合企业目标，但企业在人力、物力、财力等条件上不具备相当的实力，无法在市场上夺得相当市场占有率，则也不应该选其为最终市场。

### (二)目标市场选择的策略

快递企业根据自己的实际情况，可以选择的目标市场策略主要有三种：无差异性市场营销策略、差异性市场营销策略、集中性市场营销策略。

1. 无差异性市场营销策略

无差异性市场营销策略，简称无差异营销策略，就是把整个市场看作是一个毫无差别的同质大市场，并对市场的各部分同等看待，通过求大同、存小异，求得共同发展。对于采用这一种策略的快递企业来讲，它是把快递购买者看成是具有相同需求的整体，力图吸引所有的快递需求者，其所设计的快递营销方案针对的是广大的现实和潜在购买者。

无差异营销策略将快递市场看成一个整体，不做细分，把整体市场作为目标市场。采用这种策略的快递企业认为，客户对快递服务的需求有共同性，不存在差异性；即使存在差异，也只能向整个市场投放单一服务形式的快递；同时，采取统一宣传、统一定价，建立较集中的快递网络，向整个市场推出单一的快递服务。无差异营销策略如图 3-2 所示。

单一快递服务 → 一种营销组合策略 → 整个市场

图 3-2　无差异营销策略

无差异营销策略的最大优点在于成本经济性，即有助于节约研发成本和销售费用。其适用于那些适应性强、差异性小且有广泛需求的快递业务。但是，在买方市场逐渐形成的情况下，这种策略会随着需求的变化而变得不再适用。此外，成本经济性带来的丰厚利润会诱使竞争者加入，导致竞争加剧。这一策略的不足之处是：由于过分强调无差别，而不能满足不同购买者的需求。

2. 差异性市场营销策略

差异性市场营销策略，简称差异性营销策略，就是把整个快递市场分成若干个细分市场，选择两个或两个以上的细分市场作为目标市场，分别设计不同快递服务形式的营销方案。该策略是建立在客户需求具有异质性的基础上，快递企业针对不同细分市场设计不同的快递活动，采取多品种经营；同时，采取不同的促销方式，根据该细分市场的销售渠道，制定不同的价格。对快递企业来说，将客户按一定的细分标准进行细分，并从中作出选择，可以使企业所经营的快递服务更有针对性，更能满足不同需求群体的需要。

该策略能满足各类快递需求者的不同需求，对企业而言，有助于发挥潜力，扩大销路，增加盈利；有助于提高企业竞争力和应变能力，树立良好的企业形象。差异性营销策略适用于多品种经营的实力雄厚的大中型快递企业，但也会带来生产成本、销售费用的增加和企业资源受限的局限性。常见的差异性营销策略有下面几种。

(1)完全差异性策略。即快递企业将每一个细分市场都作为目标市场，并为目标市场生产和提供不同的产品。对于快递企业来讲，主要有“限时达”系列快递产品、不同重量系列快递产品等。

(2)市场专业化策略。又称市场驱动型策略，是指快递企业为一个目标市场即同一类的客户群，提供多种产品，满足这一类客户对产品的不同需要。这种策略的优点是适当缩小市场面，有利于发挥快递企业生产技术优势，生产多种产品以满足目标市场客户的不同需要，扩大销售量，增加销售收入，避免生产单一产品可能造成的弊端。例如，某快递企业为零散小客户提供多种经济型快递业务，如限时(当天件、次晨达、次日达等)服务。

(3)产品专业化策略。产品专业化策略又称产品驱动型策略，是指企业将那些有同类产品需求的若干不同细分市场作为目标市场，为不同的目标市场提供同类产品。例如，服装企业可以同时为军队和武警部门提供军装，也可以同时为工业企业或政府部门提供保安专用服装等。这种策略的优点是产品比较单一，有利于发挥企业的专业优势，避免多品种生产可能造成的弊端；企业保持较宽的市场面，扩大了周旋的余地。其缺点是一旦产品进入夕阳阶段，企业的营销将比较困难。

(4)选择性专业化战略。或称散点式专业化策略，指企业在进行市场细分的基础上，结合企业的实际情况，有选择地放弃部分细分市场，选取若干有利的细分市场作为目标市场，并为各目标市场提供不同的产品，实行不同的营销组合策略(图 3-3)。

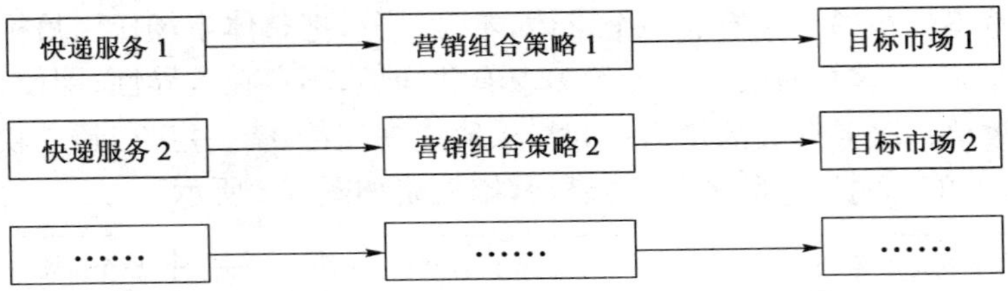


图 3-3　差异性市场营销策略

3. 集中性市场营销策略

集中性市场营销策略，就是把整个市场划分为若干个细分市场后，只选择一个或极少数细分市场作为自己将要为之服务的目标市场，集中精力搞专业化开发和经营。它所追求的不是在较大的市场上占有较小的市场份额，而是力争在较小的市场上占有较大的市场份额。对一些资源有限、实力不够雄厚、新进入市场的快递企业来说，采用这一策略是为了更深入地了解细分市场的需要，实现专业化经营，在局部市场创造出独一无二的优势(图 3-4)。

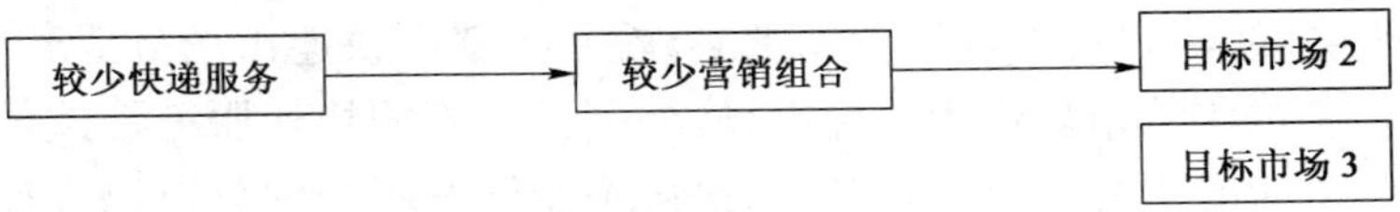


图 3-4　集中性市场营销策略

一般地讲，资源有限、规模较小的中小快递企业常用这种策略。为了把有限的资源用在最有利的地方，这种策略的经营对象相对比较集中，并能对所提供的快递服务实行专业化经营，从而争取较高的投资收益率。但是，这种策略的风险较大。由于企业的全部资源与力量均集中在一个或极少的几个子市场上，那么一旦目标市场风云突变，就可能出现经营危机，使快递企业陷入困境。

**(三)目标市场营销策略的选择**

上述前三种目标市场营销策略各有利弊。一个快递企业究竟采用哪种策略比较有利，必须根据企业具体情况进行通盘考虑，权衡利弊，方可作为最佳的选择。一般地讲，快递企业在选择目标市场营销策略时，必须综合考虑以下几个因素。

1. 企业资源

这是选择目标市场营销策略时应考虑的首要因素。企业的资源主要包括生产规模、技术力量、财务能力、经营管理能力等。如果企业实力较强，有可能占有较大的市场，就可采用差异性营销策略或无差异营销策略；如果企业资源有限，无法覆盖整个市场，则宜采用集中性营销策略。

2. 快递产品生命周期

快递产品与其他产品一样，也有生命周期。快递企业根据产品处于投入期、成长期、成熟期、衰退期的各阶段特点，可采用不同的目标市场营销策略。处于投入期，同类产品竞争者不多，市场竞争不激烈，企业可采用无差异营销策略；当处于成长期或成熟期时，同类产品增多，竞争日益激烈，为确立竞争优势，企业可考虑采用差异性营销策略；当某类产品步入衰退期，为保持市场地位，延长服务“产品”生命周期，全力对付竞争者，企业可考虑采用集中性营销策略。

3. 产品的同质性

它是指在快递服务需求者眼里，不同快递企业提供服务的相似程度。相似程度高，则同质性高；反之，同质性就低。同质性高，可采用无差异营销策略；同质性低，可采用差异性营销策略或集中性营销策略。

4. 市场的同质性

它是指各细分市场的客户在需求和购买行为等方面的相似程度。相似程度高，则市场同质性高。如果不同客户对同一营销方案的反应大致相同，则宜实行无差异营销策略；反之，如果客户的需求偏好、态度、购买行为等差异较大，则宜采用差异营销策略或集中性营销策略。

5. 竞争状况

竞争者的数量和资源是快递企业确定目标市场营销策略时考虑的重要因素。当竞争者较少或竞争对手较弱时，可采用无差异营销策略；反之，则应该选择差异营销策略或集中营销策略。另外，还要考虑竞争对手采取的策略。例如，当强大的竞争对手采取的是无差异营销策略时，相对较弱的企业则应采用集中营销策略或差异营销策略。当然，如果竞争对手实力较弱，也可以采取相同的策略，凭借实力取得成功。

## 三、快递市场定位

市场定位是设计企业产品和形象的行为，使企业明确在目标市场中相对于竞争对手来说自己所处的位置，让本企业的产品在消费者的心目中代表一种独特的观念和形象。

1. 市场定位的概念

市场定位是 20 世纪 70 年代由美国学者阿尔·赖斯提出的一个重要营销学概念。所谓市场定位就是企业根据目标市场上同类产品的竞争状况、产品的某些特征或属性，为本企业产品塑造强有力的、与众不同的个性，并将其形象生动地传递给客户，求得客户认同。

快递市场定位是指快递企业通过自身的快递服务创立鲜明个性，塑造出与众不同的市场形象，使之在客户心目中占据一定的位置，从而更好地赢得客户。快递市场定位要体现：以“客户为中心”的快递服务精神，以“降低客户的经营成本”为根本的快递服务目标，以“伙伴式、双赢策略”为标准的快递服务模式，以“服务社会、服务国家”为价值取向的快递服务宗旨。

2. 快递市场定位的步骤

市场定位包括三个步骤：识别有竞争性的差异化策略，选择正确的竞争优势，有效地向市场传播企业的市场定位。

(1)识别竞争性差异化途径

在目标市场上，有众多的快递企业通过各自的市场定位形成相对竞争优势，通过设计产品、塑造独特的市场形象来实现企业产品和服务的差异化，以避免直接的竞争。一项快递产品是方便、快捷、技术、包装、品牌、服务质量等多种因素的综合反映。企业在市场定位之前就需要识别这些因素，以便形成企业的差异。差异化的途径主要包括：

①产品差异化(品牌差异化)。企业可以使自己的产品区别于其他产品。

②技术差异化。快递企业可以充分利用运输、信息管理等方面的先进技术，以使自己的产品与众不同，凸显技术优势。

③形象差异化。快递企业可以设计代表本企业形象的工装、统一的营业厅格式，以区别于其他企业；可以开发具有企业特色的快件跟踪查询系统，方便客户查询使用，提升企业的形象。

④市场差异化。快递企业可以选择不同的目标市场销售产品，根据不同客户的需求设计符合个性需求的产品和服务；还可以通过一条龙式的服务和各类营销活动的开展，体现企业的营销能力和水平。

⑤价格差异化。产品的价格差异化主要是通过对产品及其价格的有机组合，取得价格优势。

(2)选择合适的竞争优势(差异)

①确定产品差异的数量。企业要确定自己向用户推出的产品"在某一方面或某几方面是最好的"，这样就可以把自己的产品与其他产品区分开来。质量、价格、服务、安全、舒适、技术等，都可以是企业彰显的差异化因素。

②确定产品的具体差异。企业需要对所设计的产品、对目标客户的重要性、企业实施产品差异的能力(人力、物力、财力等)、所需时间等因素进行综合分析，并在此基础上，结合企业自身及竞争者的实际情况确定产品的具体差异。

(3)向客户传播所选定的市场定位

快递企业的竞争优势最终要被客户认同后才具有现实意义。因此，一旦选择好市场定位，企业就必须采取有效措施把市场定位传达给目标客户，以求得客户的认同。

3. 快递市场定位的策略

(1)避强定位

避强定位策略，是指快递企业力图避免与实力最强的或较强的其他快递企业直接发生竞争，而是定位于另一市场区域内，使自己的产品在某些特征或属性方面与最强或较强的对手有比较显著的区别。避强定位策略的优点是能使企业较快地在市场上站稳脚跟，并能在消费者或用户心目中树立形象，风险小；缺点是，避强就意味着企业必须放弃某个最佳的市场。

(2)迎头定位

迎头定位策略，是指企业根据自身的实力，为占据较佳的市场位置，不惜与市场上占支配地位的、实力最强或较强的竞争对手发生正面竞争，而使自己的产品进入与对手相同的市场范围。这种定位在竞争过程中往往相当引人注目，甚至产生所谓轰动效应，企业及其产品可以较快地为消费者或用户所了解，易于达到树立市场形象的目的，但具有较大的风险性。

(3)创新定位

快递企业寻找新的尚未被占领但有潜在需求的市场，提供市场上没有的、具备某种特色的产品，从而填补市场上的空缺。采用这种定位方式时，快递企业应评估创新定位所需的产品在技术上、经济上是否可行，有无足够的市场容量，能否为企业盈利。

(4)重新定位

快递企业在选定了市场定位的目标后，由于定位不准确，或者因为市场发生变化造成原有的定位需要调整，就应考虑重新定位。重新定位是以退为进的策略，目的是为了实施更有效的定位。

快递企业在进行市场定位时，应慎之又慎，要通过反复比较和调查研究，找出最合理的突破口，避免出现定位混乱、定位过度、定位过宽或定位过窄的情况。

## 第二节　快递产品营销策略

快递企业的市场营销活动是以满足客户的快递需求为中心，而客户需求的满足必须通过提供某种快递产品或服务来实现。快递产品是市场营销组合因素中的首要因素，快递企业应致力于产品质量的提高和组合结构的优化，才能提高企业产品的竞争力，取得更好的经济效益。

## 一、快递产品概述

### (一)F 快递产品的概念

快递产品是快递企业为客户提供的服务。所谓“服务”是指能够满足客户的某种需求，给客户带来便利、好处、有满足感的各种活动。快递产品是一种无形产品，是客户感知快递服务的过程，包括与快递活动相关联的取件、包装、运输、信息、保管、配送、送件等具体活动。每种独立的快递服务形式或几种快递服务的不同组合，都是一款或新的一款快递产品形式。

### (二)快递产品的层次

快递产品作为一种服务有着自身特点。为了有效地开展市场营销活动，可将快递产品划分为以下三个层次。

1. 核心产品

核心产品是向客户提供的产品所具有的有益效用。客户购买某种快递产品，并不是为了占有或获得某种快递产品本身，而是为了获得满足某种需要的效用。快递产品的核心形式是按照一定标准和客户的要求而确定的，如迅速、准确、安全、方便、可靠等。

2. 形式产品

形式产品是核心产品借以实现的基本形式，是核心产品的载体。快递的形式产品一般是指快递服务的质量、品牌、包装、服务设备等，这些通常都能在快递活动中展现出来，是可以被客户感知的。形式产品往往直接决定了快递核心产品的质量。

3. 附加产品

附加产品是客户购买快递产品时所获得的全部附加服务和利益，包括快件寄递过程以外的其他各种服务，如为客户提供的各种优惠、折扣、保险、承诺等。随着快递市场竞争的日趋激烈，为核心产品提供附加利益便成为企业竞争的有效手段。

### (三)快递产品组合

1. 快递产品组合的概念

(1)产品组合就是快递企业为了满足不同客户的需求而开发的服务种类及产品的组合，是企业经营的全部产品线和产品项目的组合，又称产品结构。

(2)产品线。产品线是指产品组合中包含的产品大类。每一产品大类中的不同产品有类似的功能，满足客户的同质需要，只是在规格、档次、款式等方面有所不同。每条产品线又由若干产品项目组成。

(3)产品项目。产品项目是指产品大类中各种不同品种的产品。每一产品项目又包含若干种不同规格、特色的具体产品。

(4)产品组合一般包括若干产品线，每一条产品线内又包括若干产品项目。一个产品项目往往具有一个特定的名称、型号或编号。产品组合一方面反映了企业的经营范围，另一方面又反映了企业的市场开发深度。

快递产品组合就是将各个独立的或单一的快递产品形式进行有效的捆绑与组合，使之新生出其他不同形式的产品或服务的过程，如 A 组合：“收寄＋运输＋配送”；B 组合：“收寄＋仓储＋流通加工＋配送”等。

2. 快递产品组合因素

快递产品组合取决于三个因素：产品组合的宽度(或称广度)、深度和关联性。宽度是指一个快递企业经营的快递产品系列数目；深度是指每一个快递产品系列所拥有的产品项目的数目；关联性是指快递产品之间的联系程度。

宽度 →

| | | | | | |
|---|---|---|---|---|---|
| 产品系列 1 | A1 | B1 | C1 | | 深度 ↓ |
| 产品系列 2 | A2 | B2 | C2 | | |
| 产品系列 3 | A3 | B3 | C3 | D1 | |
| 产品系列 4 | A4 | B4 | C4 | D2 | |

图 3-5　快递企业产品组合

如图 3-5 所示某快递企业的产品组合。从图中可以看出，该产品组合为 4 个产品系列，系列 1、系列 2 各有 3 个产品项目，系列 3、系列 4 各有 4 个产品项目，共有产品项目 14 个。该产品组合宽度为 4 个，深度为 14 个，平均深度(产品组合深度/产品组合宽度)为 3.5 个。

3.快递产品组合策略

快递产品组合策略就是根据快递企业的目标，对快递产品组合的宽度、深度及关联程度进行组合决策。企业在调整产品组合时，可以针对具体情况，灵活选用以下产品组合策略。

(1)扩大产品组合策略

扩大产品组合策略是指开拓产品组合的广度和加强产品组合的深度。开拓产品组合广度是指增添一条或几条产品线，扩展产品经营范围；加强产品组合深度是指在原有的产品线内增加新的产品项目。具体方式有：

①在维持原产品品质和价格的前提下，增加同一产品的规格、型号或款式；

②增加不同品质和不同价格的产品；

③增加与原产品相类似的、有关联的产品；

④增加与原产品毫不相关的产品。

(2)缩减产品组合策略

缩减产品组合策略是指削减产品线或产品项目，特别是要取消那些获利小的产品，以便集中力量经营获利最大的产品线或产品项目。缩减产品组合的方式有：

①减少产品线数量，实现专业化经营；

②保留原产品线，削减产品项目；

③停止经营某类产品。

(3)产品延伸策略

任何企业的产品都有其特定的市场定位，如将产品定位在高档、中档或低档。但这种定位不是一成不变的，而是随着市场环境的变化而调整。产品延伸策略就是指全部或部分地改变企业原有产品的市场定位。具体做法有：

①向下延伸。这种策略是把企业原来定位于高档产品市场的产品线向下延伸，在高档产品线中增加低档次产品项目。

②向上延伸。即把企业原来定位于低档产品市场的产品线向上延伸，在原有的产品线内增加高档次产品项目，使企业进入高档产品市场。

③双向延伸。即指原来定位于中档产品市场的企业掌握了市场优势后，决定向产品线的上下两个方向延伸，一方面增加高档产品，另一方面增加低档产品，扩大市场面。

## 二、快递产品生命周期

1.产品生命周期的概念

产品生命周期是指一种产品通过市场开发，从投入市场经营(销售)到最后被市场淘汰为止的全部过程。需要注意的是，产品生命周期指的是产品的市场寿命，而不是使用寿命。产品生命周期一般有四个不同的阶段。

(1)投入期(导入期),是产品进入市场之后销售额缓慢增长的时期。由于产品导入费用高昂,此时企业几乎没有利润。

(2)成长期,是产品迅速为市场所接受并产生利润的时期。

(3)成熟期,销售额增长趋于和缓的时期,因为这时产品已经被大多数潜在购买者所接受。为在竞争中保护自己的产品,快递企业营销费用增加,导致利润增长停滞,甚至开始下降。

(4)衰退期,是销售额迅速减少、利润快速下降的时期。

在整个生命周期里,销售额和利润额的变化表现为类似S形的曲线,如图3-6所示。

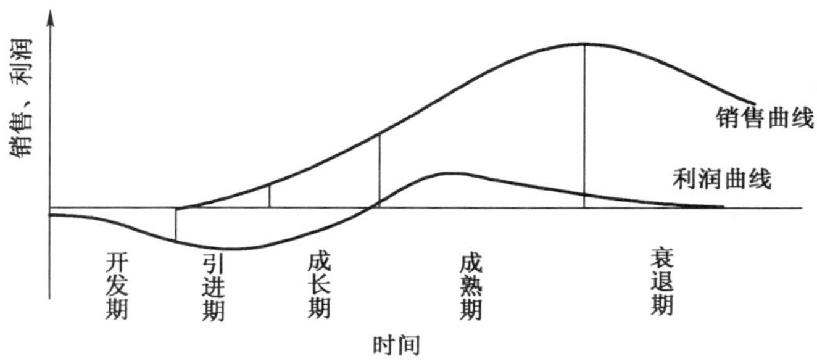


图3-6 产品生命周期图

2. 产品生命周期的市场策略

企业应根据其产品生命周期灵活采用相应的市场营销策略,以获得最大的经济效益。例如,随着社会分工的深化和市场需求的个性化,快递企业的生产经营活动对技术和管理的要求也越来越高,其所提供的一些传统业务,已越来越不适应客户需要,这一类产品所获得的利润就越来越少,此时就必须对自己的业务进行重新整合,不断延长产品的生命周期。

(1)投入期(导入期):此时的企业营销思路应突出一个"短"字,就是尽量缩短投入期的时间、迅速打开市场,加快向成长期的过渡。企业主要可以从促销与价格两个方面给予考虑,比如,注重早期的市场推广、加大广告的宣传力度、稳定产品各方面性能与形象等。

(2)成长期:成长期的产品,其性能基本稳定,大部分客户对产品已熟悉,销售量快速增长,竞争者不断进入,市场竞争加剧。此时,企业营销策略的核心是尽可能地延长产品的成长期,重在突出一个"稳"字,比如,继续进行广告宣传、提高产品质量、开发增值服务、开发新客户等。

(3)成熟期:处于成熟期的产品,企业只要保持市场占有率,就可以获得稳定的收入和利润,但企业要解决好运营能力与销售之间的矛盾。此时,企业应主动出击,努力使成熟期延长。企业的营销策略重点应突出一个"改"字,采取积极的对策,做到有效的改革,比如,重新细分市场,开拓新的市场、改进产品,吸引新客户、创新营销组合手段等。

(4)衰退期:在这个时期,企业面临销售量和利润直线下降,大量竞争者退出,客户的消费习惯已发生转变等情况。此时,企业应突出一个"转"字,进行认真分析研究,决定采取什么策略,在什么时间退出市场,比如,继续维持,等待退出、集中力量到最有利的细分市场上,或者主动收缩放弃。

## 三、快递新产品开发

1. 新产品开发概述

随着新技术的应用和市场的变化,快递企业必须善于开发新产品,包括新发明的产品、改良的产品、调整的产品以及新的品牌等。例如，国内某大型集团公司连续推出了“全夜航”、“次晨达”等新业务形式。一个完整的新产品开发过程要经历新产品构思、筛选创意、形成新产品、制订营销策略、商业分析、产品开发、新产品的市场试销和批量上市等八个阶段，如图 3-7 所示。

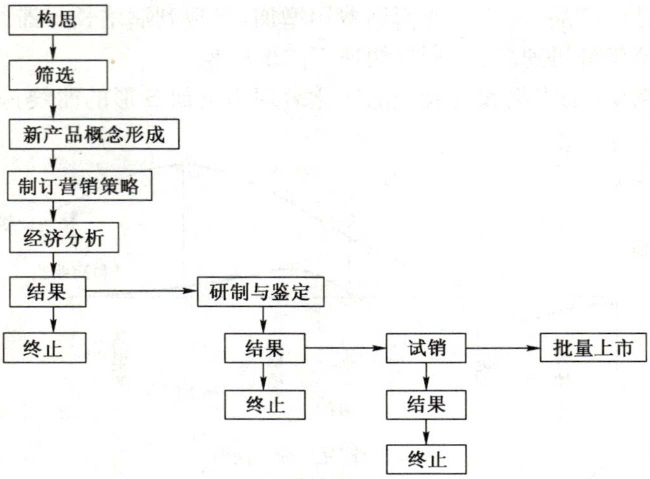


图 3-7　新产品开发流程图

2. 新产品开发策略

(1)“先发制人”领先式策略。是指企业率先推出新产品，利用新产品的独特优点，占据市场上的有利地位，在市场上捷足先登，利用先入为主的优势，最先建立品牌偏好，从而取得丰厚的利润。

(2)“迟人半步”模仿式策略。是指当看到别的企业推出新产品后，立即加以仿制和改进，然后推出自己的产品。

(3)“借船出海”扩张式策略。第一种是与优势的快递资本合资，把别人的产品或服务项目变成自己的服务项目，扩大自己的产品线；第二种是购买其他企业现成的资源，实现快递产品的快速开发和扩张。

(4)系列式产品开发策略。就是围绕产品向上下左右前后延伸，开发出一系列类似的、但又各不相同的产品，形成不同类型、不同规格、不同档次的产品系列。采用该策略开发新产品，快递企业可以尽量利用已有的资源，设计开发更多的相关产品，如开发有时限差异的快递系列产品，就适应了城市与农村、高收入与低收入等不同客户群的需要。

3. 新产品扩散

所谓新产品扩散，是指新产品上市后，随着时间的推移，不断地被越来越多的客户所使用的过程。在新产品扩散过程中，人们使用新产品在客观上存在着一定的规律性，并且由于个人性格、文化背景、受教育程度和社会地位等因素的影响，不同的消费者对新产品的接受快慢和程度不同。一般而言，客户接受新产品的规律表现为以下五个阶段。

(1)认知。这是个人获得新产品信息的初始阶段。人们获得有关新产品信息的主要渠道是广告，或者通过其他间接的渠道获得，在此阶段所获得的情报不够系统，只是一般性的了解。

(2)兴趣。指客户不仅认识了新产品，并且发生了兴趣。这时，客户会积极寻找有关资料，进一步分析、研究新产品的具体功能、用途、使用情况等。客户如果对这些方面均比较满意，就会产生初步的购买动机。

(3)评价。在这一阶段，客户要权衡使用新产品的边际价值，比如，对使用新产品可获得的利益与可能承担的风险进行比较，经过比较分析形成明确认识，进而对新产品的吸引力作出判断。

(4)试用。指客户开始小规模地试用新产品。通过试用，客户开始正式评价自己对新产品的认识及购买决策的正确性如何，满意，将会重复购买；不满意，则会放弃该产品。

(5)采用。消费者通过试用，收到了比较理想的使用效果，就会放弃原有的产品，完全接受新产品，并开始重复购买。从某种意义上说，从试用阶段到正式采用阶段，客户之间的信息沟通比广告的作用更大。

针对客户使用新产品的不同阶段，快递企业应采用不同的营销策略，促进快递新产品的扩散过程顺利进行。

## 四、快递产品品牌策略

1. 快递产品品牌概述

对于快递企业而言，在激烈的市场竞争中，技术和网络等要素都是可以模仿和替代的，只有企业的品牌和信誉是不可替代的。快递企业要赢得市场、赢得客户，就需要创立一流的企业品牌。究竟什么是品牌呢？品牌是一种名称、术语、标记、符号或设计，或是它们的组合应用。其目的是借以辨认企业提供的产品或服务，为区别于其他竞争者的重要标志。

品牌主要包括品牌名称、品牌标志和商标。品牌名称是指品牌中可以用语言称呼的部分，如全球邮政特快专递、民航快递、申通速递、顺丰速运等。品牌标志是品牌中可以被辨认，但无法用语言表达的部分，包括符号、图案、颜色或其他特殊的设计等，如中国邮政 EMS 的"跑道"图案，申通快递的"STO"和顺丰速运的"SF"等。商标是指经有关部门确认，受法律保护并为企业专用的品牌或品牌的一部分。部分快递公司的品牌标识如图 3-8 所示。

品牌的概念可以从以下六个方面来理解。

(1)属性。一个品牌首先给消费者带来特定的属性。例如，中国邮政的 EMS 品牌表明，EMS 提供全心、全速、全球的快递服务。

(2)利益。对于客户而言，重视的不仅仅是品牌传递的属性，更注重的是品牌带来的利益。

(3)价值。品牌价值是品牌管理要素中最为核心的部分，也是品牌区别于同类竞争品牌的重要标志，也是品牌精髓所在。

(4)文化。品牌一旦成长起来，它就变成一定的文化载体，或者承载一种文化、一种生活方式。

(5)个性。品牌还代表了一定的个性。个性是品牌的最高层面。

(6)使用者。品牌还体现了购买或使用这种产品的客户是哪一类消费者。这一类消费者也代表一定的文化和个性。

2. 快递企业的品牌策略

(1)统一品牌策略。即快递企业所提供的全部产品都统一使用一个品牌名称。

(2)个别品牌策略。即不同快递企业提供的不同产品采用不同的品牌。

(3)企业名称与个别品牌并用策略。即快递企业对其各种不同的产品分别使用不同的品牌名称，而且各种产品的品牌名称前面还冠以企业名称，用企业名称表示由谁生产，用品牌表示各种产品的特点。

图 3-8　部分快递公司图标

(4)品牌延伸策略。即快递企业利用其成功品牌名称的声誉，来推出新产品或改良产品。

(5)多品牌策略。是指同一企业在同一产品上设立两个或两个以上的相互竞争的产品。

(6)品牌再定位策略。即使一种品牌最初的市场定位非常准确，但随着时间的推移和市场的变化，以致不得不对它重新进行定位。

# 第三节　快递产品价格策略

快递产品价格是营销组合因素中最活跃的因素，它直接关系到快递产品为客户所接受的程度、市场占有率和企业利润。快递营销管理人员不仅需要了解价格策略在营销组合中的地位和作用，更要深刻认识制约定价的各种因素，方能灵活运用价格策略。

## 一、影响快递产品定价的主要因素

快递产品价格的形成有其内在规律，同时也受外部因素的影响，是多种要素共同作用的结果。主要因素包括企业营销目标、成本因素、竞争因素、需求因素和其他因素等五个方面。

### 1. 企业营销目标

在确定产品价格之前，快递企业应依据既定的营销目标，制订产品定价策略。快递企业可以根据实际情况选择恰当的经营目标，如追求利润最大化、获得投资报酬、维持或扩大市场占有率、应对竞争等。

### 2. 成本因素

成本是快递产品价值的基础部分，它决定着产品价格的最低界限，如果价格低于成本，企业便无利可图。快递产品的成本可分为固定成本和变动成本。

(1)固定成本，是快递企业在保持一定生产规模不变的条件下，生产经营某一产品支出的固定费用。其在短期内不会随着产量的变动而发生变动。如固定资产折旧、房屋租金、办公费用、市场调研费用、人员工资等，不论快递业务量多少，都必须支出。快递企业固定成本与具体产品的销售量不直接发生联系，它是通过分摊的形式计入单位产品价格中的。

(2)变动成本，是指随着快递产品产出的变化而变化的成本，如燃料费、搬运费、邮寄费等。在快递行业中，固定成本在总成本中所占的比重较大，比如，航空运输业的固定成本的比重约为60%(因为它们需要昂贵的设备和大量的人力资源维持公司运转)；而变动成本在总成本中所占的比重往往较低，如铁道运输部门。单位产品的平均变动成本会直接计入产品价格中，它对产品价格有着直接的影响。

### 3. 竞争因素

市场竞争状况直接影响快递企业制订产品定价策略。在产品差异性较小、市场竞争激烈的情况下，企业制定价格的自主性也相应缩小。快递企业应深入了解竞争者的价格和产品，并将这些信息作为自己制定产品价格的基点。在市场上除了从竞争对手那里获得价格信息外，还要了解它们的成本状况，这将有助于企业分析评价竞争对手在价格方面的竞争能力。毫无疑问，向竞争对手学习，对于任何企业都是十分重要的，这将有助于企业自己制订灵活、适宜的价格策略。

### 4. 需求因素

市场需求是市场营销定价的主要参考因素，当产品的价格发生变化时，需求也会随之发生相应的变化。一般情况下，价格和需求量之间成反方向变动的关系，即价格上升、需求减少；价格降低、需求增加。这里可以用需求价格弹性来分析和揭示两者的关系。需求弹性表示需求量的变动对产品自身的价格、相关产品的价格和消费者收入水平等因素的变动的反应程度。

假设 $Q$ 为某个商品的需求，$P$ 为该商品的价格，则计算需求的价格弹性 $E_d$ 为：

$$E_d = -\frac{\Delta Q/Q}{\Delta P/P} = -\frac{\Delta Q}{\Delta P}\cdot\frac{P}{Q} \tag{1}$$

快递企业在进行产品定价时，可以根据需求价格弹性了解市场需求对价格变动的反应。价格变动对需求影响小，这种情况称为需求缺乏弹性；价格变动对需求影响大，则叫做需求富有弹性。在快递市场中，不同快递产品的需求是不尽相同的，如果对快递的需求是有弹性的，那么如何确定其价格就显得特别重要。快递企业可以考虑采取降价的策略，因为较低的价格会带来更多的总收益。

*5. 其他因素*

当营销环境急剧变化时，快递企业制订定价策略还应考虑许多相关因素的影响，如国际、国内的经济状况、通货膨胀、利率、汇率、政策法令、消费者心理等。

## 二、快递产品定价的主要方法

快递企业为实现其定价目标所采取的产品定价方法，可以归纳为成本导向、需求导向和竞争导向三类。

*1. 成本导向定价法*

快递企业以快递产品的成本为主要依据制定价格的方法统称为成本导向定价法。这是应用相当广泛的一种定价方法。由成本导向定价法又衍生出了总成本定价法（成本加成定价法和目标利润定价法）、边际成本定价法、盈亏平衡定价法等几种具体的定价方法。

（1）总成本定价法

其分为成本加成定价法与目标利润定价法两种。

①成本加成定价法。即按快递产品单位成本加上一定比例的毛利定出销售价。

$$P = C\times(1+R) \tag{2}$$

式中：$P$——商品的单价；

$C$——商品的单位总成本；

$R$——成本加成率。

②目标利润定价法，是根据快递企业总成本和预期销售量，确定一个目标利润率，并以此作为定价的标准。目标利润定价法的要点是使产品的售价能保证企业达到预期的目标利润率。

$$\text{单位商品价格}=\text{总成本}\times(1+\text{目标利润率})/\text{预计销售量} \tag{3}$$

需要说明的是“目标利润定价法”与前面介绍的“成本加成定价法”是有区别的。差别在于“成本加成定价法”公式中的成本只是制造成本，不包括期间费用；而“目标利润定价法”公式中的成本包括制造成本和期间费用。

（2）边际成本定价法

边际成本定价法也叫边际贡献定价法。该方法以变动成本作为定价基础，只要定价高于变动成本，企业就可以获得边际收益（边际贡献），用以抵补固定成本，剩余即为盈利。

$$P = (\mathrm{CV}+M)/Q \tag{4}$$

式中：$P$——单位产品价格；

CV——总的变动成本；

$Q$——预计销售量；

$M$——边际贡献，$M=S-CV$；

$S$——预计销售收入。

如果边际贡献等于或超过固定成本，企业就可以保本或盈利。这种方法适用于产品供过于求、卖方竞争激烈的情况。在这种情况下，与其维持高价导致产品滞销积压，丧失市场，不如以低价保持市场，不计固定成本，尽量维持生产。

(3)盈亏平衡定价法

考虑到销售额变化后成本也在发生变化，盈亏平衡定价法是运用损益平衡原理实行的一种保本定价法。具体是指在销量既定的条件下，企业产品的价格必须达到一定的水平才能做到盈亏平衡、收支相抵。既定的销量就称为盈亏平衡点，如果价格低于这一界限企业就会亏损，高于这一界限则会盈利。科学地预测产品销量和计算固定成本、变动成本，是盈亏平衡定价的前提。计算公式为：

$$\left.\begin{aligned}&\text{盈亏平衡点销售量}=\text{固定成本}/(\text{产品单价}-\text{单位变动成本})\\&\text{盈亏平衡点销售额}=\text{固定成本}/(1-\text{单位变动成本率})\end{aligned}\right\}\qquad(5)$$

2.需求导向定价法

需求导向定价法是指根据市场需求状况和消费者对产品的感觉差异来确定价格的定价方法。

(1)理解价值定价法

也称觉察价值定价法，是以消费者对商品价值的感受及理解程度作为定价的基本依据，重视买方的价值判断。快递企业定价时首先要做好商品的市场定位，拉开本企业商品与市场上同类商品的差异，突出商品的特征，并综合运用这种营销手段，加深消费者对商品的印象，使消费者感到购买这些商品能获得更多的相对利益，从而提高他们接受价格的限度。快递企业则据此提出一个可销价格，进而估算在此价格水平下商品的销量、成本及盈利状况，最后确定实际价格。

(2)反向定价法

反向定价法是指企业依据消费者能够接受的最终销售价格，计算自己从事经营的成本和利润后，逆向推算出产品的批发价和零售价。这种定价方法不以实际成本为主要依据，而是以市场需求为定价出发点，力求使价格为消费者所接受。分销渠道中的批发商和零售商多采取这种定价方法。

(3)需求差异定价法

需求差异定价法以不同时间、地点、商品及不同消费者的消费需求强度差异为定价的基本依据，针对每种差异决定其在基础价格上是加价还是减价(具体内容详见差别定价法)。

(4)习惯性定价策略

习惯性定价是仿照长期被客户接受和承认的已成为习惯的价格来定价的一种方法。客户已经习惯于消费这种快递产品时，只愿付出这么大的代价。对这些快递产品的定价，一般应依照习惯确定，不要随便改变价格，以免引起客户的反感。

3.竞争导向定价法

快递企业在制订价格策略时，主要以同类竞争对手的定价为依据，而不是过多地考虑成本及市场需求因素，这就是通常所说的竞争导向定价法。

(1)随行就市定价法。这是以行业的平均水平，或是竞争对手的价格为基础制定价格的方法。其定价方法主要适合同质产品市场，目的是为了与同行业企业和平共处，避免发生激烈竞争。

(2)密封投标定价法。又称投标竞争定价法，是指在招标竞标的情况下，企业在对其竞争对手了解的基础上定价。这种价格是企业根据对其竞争对手报价的估计确定的，其目的在于签下合同，所以它的报价应低于竞争对手的报价，同时需要通过市场调查及对过去投标资料的分析，大致估计中标概率。

(3)主动竞争定价法。与随行就市定价法相反，主动竞争定价法不是追随竞争者对手的价格，而是以市场为主体，以竞争对手为参照物的一种常用的营销绩效定价方法。

## 三、快递产品定价的基本程序

快递产品的定价程序，就是根据快递企业的营销目标，确定适当的定价目标，综合考虑各种定价因素，选择适当的定价方法，最终确定快递产品价格的过程。一般来说，快递产品的定价程序可分为以下几个步骤。

(1)选择快递产品定价目标。快递产品的定价目标首先要从企业的营销目标出发，对快递产品的供需状况、竞争状况以及定价策略和市场营销的其他组合因素综合考虑后加以确定。

(2)估算快递产品成本。快递企业要科学、合理、准确地测算出生产运营中发生的产品成本。快递产品的成本费用就是制定其价格的最低限度。

(3)测定需求状况。快递产品的需求受其本身的价格、相关产品价格以及不同客户的收益水平等因素影响。快递企业要根据这些因素影响的程度与趋势，预测出快递产品的销售量，并制订相应的营销策略。

(4)了解国家有关物价的政策法规。企业要了解和执行国家有关物价的政策法规，不仅可以根据国家物价政策明确快递产品定价的指导思想，利用其为企业产品定价服务，还可以避免不必要的损失。

(5)分析竞争对手的价格。现实的或潜在的竞争会对定价产生重大的影响，甚至连新产品也不能避免竞争，尤其对于某些经营利润可观的产品，潜在竞争的威胁最大。快递企业要深入分析、研究竞争对手的价格情况，为合理制定自己的价格提供依据。

(6)制定具体的价格。按以上定价程序经周密考虑后，快递企业即可开始制订自己的定价策略，最终确定企业快递产品的销售价格。

## 四、快递产品定价的策略与技巧

快递产品定价是一个复杂的过程，企业采取不同的定价方法进行定价得到的只是产品的基本价格。企业还需根据具体的市场环境、产品条件、供求关系、企业目标等，灵活地运用适当的定价策略和技巧，制定最终的销售价格。

新产品与其他产品相比，可能具有竞争程度低、技术领先的优点，但同时也会有不被客户认同和产品成本偏高的缺点。因此，企业在为新产品定价时，既要考虑能尽快收回投资，获得利润，又要能吸引消费者接受新产品。常见的定价策略有以下几种。

### 1. 撇脂定价策略

这种策略也称高价策略，是指企业以大大高于成本的价格将新产品投入市场，以便在短期内获取高额利润，尽快收回投资，然后再逐渐降低价格的策略。大的电器公司生产的新电器产品在投入市场之初，大都采用了这种策略。

一般说来，撇脂定价策略适合于市场需求量大而且需求价格弹性小，客户愿意为获得产品价值而支付高价的细分市场；或企业是某一新产品的唯一供应者时，采用撇脂定价可实现企业利润最大化。但高价会吸引竞争者纷纷加入，一旦有竞争者加入时，企业就应迅速降价。

2. 渗透定价策略

渗透定价与撇脂定价恰好相反，是在新产品投放市场时，将价格定得较低，以吸引大量消费者，提高市场占有率。采取渗透定价策略不仅有利于迅速打开产品销路，抢先占领市场，提高企业和品牌的声誉；而且由于价低利薄，有利于阻止竞争对手的加入，保持企业一定的市场优势。

通常渗透定价适合于产品需求价格弹性较大的市场，低价可以使销售量迅速增加；此外，要求企业生产经营的规模经济效益明显，成本能随着产量和销量的扩大而明显降低，从而通过薄利多销获取利润。

3. 心理定价策略

心理定价策略是为适应和满足消费者的购买心理所采用的价格决定策略，具体包括尾数定价策略、整数定价策略、声望定价策略和招来定价策略。

(1)尾数定价策略

尾数定价，也称零头定价，即给产品定一个零头数结尾的非整数价格，如 0.99 元、9.98 元等。客户会认为这种价格经过精确计算，购买不会吃亏，从而产生信任感，符合消费者求廉的心理愿望。

(2)整数定价策略

整数定价与尾数定价正好相反，企业有意将产品价格定为整数，以显示产品具有一定质量。整数定价策略适用于需求的价格弹性小、价格高低不会对需求产生较大影响的中高层次快递产品。由于其客户都属于高收入阶层，也甘愿接受较高的价格。

(3)声望定价策略

声望定价，即针对消费者“便宜无好货、价高质必优”的心理，对在消费者心目中享有一定声望并具有较高信誉的产品制定高价。购买这些产品的人，往往不在于产品价格，而最关心的是产品能否显示其身份和地位，价格越高，心理满足的程度也就越大。

(4)招来定价策略

这是适应消费者“求廉”的心理，将产品价格定得低于一般市价，个别的甚至低于成本，以吸引客户、扩大销售的一种定价策略。采用这种策略，虽然几种低价产品不赚钱，甚至亏本，但从总的经济效益看，由于低价产品带动了其他产品的销售，企业还是有利可图的。

4. 折扣定价策略

折扣定价，是指对基本价格做出一定的让步，直接或间接降低价格，以争取客户，扩大销量。其中，折扣的主要形式有数量折扣、功能折扣、季节折扣等。

(1)数量折扣

指按购买数量的多少，分别给予不同的折扣，购买数量愈多，折扣愈大。其目的是鼓励大量购买，或集中向本企业购买。数量折扣包括累计数量折扣和一次性数量折扣两种形式。

运用数量折扣策略的难点是如何确定合适的折扣标准和折扣比例。因此，企业应结合产品特点、销售目标、成本水平、企业资金利润率、需求规模、购买频率、竞争者手段以及传统的商业惯例等因素来制订科学的折扣标准和比例。

(2)功能折扣

中间商在产品分销过程中所处的环节不同，其所承担的功能、责任和风险也不同，企业据此给予不同的折扣称为功能折扣。对生产性用户的价格折扣也属于一种功能折扣。功能折扣的比例，主要考虑中间商在分销渠道中的地位、对生产企业产品销售的重要性、购买批量、完成的促销功能、承担的风险、服务水平、履行的商业责任，以及产品在分销中所经历的层次和在市场上的最终售价等。功能折扣的结果是形成购销差价和批零差价。

鼓励中间商大批量订货，扩大销售，争取客户，并与生产企业建立长期、稳定、良好的合作关系，是实行功能折扣的一个主要目标。功能折扣的另一个目的是对中间商经营的有关产品的成本和费用进行补偿，并让中间商有一定的盈利。

(3)季节折扣

有些商品的生产是连续的，而其消费却具有明显的季节性。为了调节供需矛盾，这些商品的生产企业便采用季节折扣的方式，对在淡季购买商品的客户给予一定的优惠，使企业的生产和销售在一年四季能保持相对稳定。

季节折扣比例的确定，应考虑成本、储存费用、基价和资金利息等因素。季节折扣有利于减轻库存，加速商品流通，迅速收回资金，促进企业均衡生产，充分发挥生产和销售潜力，避免因季节需求变化所带来的市场风险。

5.差别定价策略

差别定价是指企业以能够反映成本费用的比例差异的两种或两种以上不同的价格来销售一种产品。即价格的不同并不是基于成本的不同，而是企业为满足不同消费层次的要求而构建的价格结构。

(1)客户细分定价。企业把同一种产品按照不同的价格卖给不同的客户。例如，公园、旅游景点、博物馆将客户分为学生、年长者和一般客户，对学生和年长者收取较低的费用；铁路公司对学生、军人售票的价格往往低于一般乘客；自来水公司根据需要把用水分为生活用水、生产用水，并收取不同的费用；电力公司将用电分为居民用电、商业用电、工业用电，并收取不同的费用。

(2)产品形式差别定价。企业按产品的不同型号、不同式样，制定不同的价格，但不同型号或式样的产品，其价格之间的差额和成本之间的差额是不成比例的。比如，33 寸彩电的价格要远远高于 29 寸彩电的价格，可其成本差额远没有这么大；一件裙子 70 元，成本 50 元，可是在裙子上绣一组花，追加成本 5 元，但价格却可定到 100 元。

(3)形象差别定价。有些企业根据形象差别对同一产品制定不同的价格。如香水商可将香水加入一只普通瓶中，赋予某一品牌和形象，售价为 20 元；而同时用更华丽的瓶子装同样的香水，赋予不同的名称、品牌和形象，定价为 200 元。有些企业也采用不同的销售渠道、销售环境来实施这种差别定价。如某商品在廉价商店低价销售，但同样的商品在豪华的精品店可高价销售，辅以针对个人的服务和良好的售货环境。

(4)地点差别定价。企业对处于不同位置或不同地点的产品和服务制定不同的价格，即使每个地点的产品或服务的成本是相同的。例如，影剧院不同座位的成本费用都一样，却按不同的座位收取不同价格，因为公众对不同座位的偏好不同；火车卧铺从上铺到中铺、下铺，价格逐渐增高。

(5)时间差别定价。价格随着季节、日期甚至钟点的变化而变化。一些公用事业公司，对于用户按一天的不同时间、周末和平常日子的不同标准来收费。长途电话公司制定的晚上的电话费用比白天有许多优惠；航空公司或旅游公司在淡季的价格便宜，而旺季一到价格立即上涨。这样可以促使消费需求均匀化，避免企业资源的闲置或超负荷运转。

采用差别定价法要具备以下条件：市场能够根据需求强度的不同进行细分；细分后的市场在一定时期内相对独立，互不干扰；高价市场中不能有低价竞争者；价格差异适度，不会引起消费者的反感。

## 第四节　快递企业促销策略

促销是企业营销组合的重要策略之一。快递市场营销不仅要求快递企业提供满足消费者需求的各种快递产品，制定有竞争力的价格，选择快捷、高效的分销渠道，而且要求快递企业塑造并保持其公众形象，设计并传播快递产品及其能给目标客户带来的利益等各方面的信息，进行沟通和促销活动。

### 一、快递促销概述

1.快递促销的概念与作用

促销是促进销售的简称，是指快递企业将有关企业及产品的信息，通过各种方式传递给消费者和用户，以促进了解和信赖并购买本企业的产品，从而影响目标客户购买态度与购买行为，实现扩大销售的目的。快递促销的作用主要表现在以下几个方面。

(1)传递信息，提供情报。快递企业通过各种促销活动，可以及时向客户、中间商提供产品信息，以引起他们的关注。

(2)刺激需求，增加销售。快递企业通过促销活动，可以向客户介绍快递产品特点以及所能提供的完善服务，诱发需求，促使购买；有时还可以创造新的需求，从而增加消费，提高销售量。

(3)突出产品特点，树立良好形象。快递企业可以通过促销活动，着力宣传本企业产品与竞争企业产品的不同特点及它给消费者或用户带来的特殊利益，不仅可以刺激需求、增加销售，而且有助于提高产品的声誉，并为企业树立良好的社会形象。

2.快递促销的主要方式

(1)人员推销

人员推销是指快递企业选派人员或委托推销人员，直接向目标客户介绍、宣传和销售快递产品。目前，快递企业比较流行的顾问式销售就属于人员推销的一种。

(2)广告宣传

广告宣传是指企业通过一定的媒介物，公开而广泛地向社会介绍快递企业的营销形式和快递产品或服务的方式、内容、特点等信息。

(3)营业推广

营业推广也称销售促进，是指快递企业的营业人员，通过与客户面对面地接触，运用各种短期诱因，引导客户购买快递企业产品。

(4)公共关系

公共关系是指快递企业通过各种公共活动使社会各界了解本企业，以取得他们的信赖和好感，从而为企业创造一种良好的舆论环境和社会环境。

3. 快递促销组合

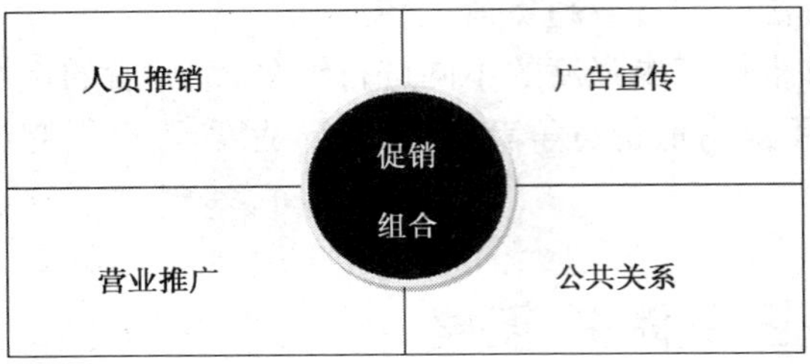


图 3-9 快递促销组合

快递企业为实现自己的促销目标，应该选择多种促销方式和工具，在不同的策略组合中实现营销目标。所谓促销组合就是指为了有效地沟通信息，达到预定的销售量水平，对人员推销、广告宣传、营业推广、公共关系等促销方式的选择、组合和运用（图 3-9）。四种促销方式互相配合、协调一致，才能最大限度地发挥整体效果，从而顺利实现企业目标。

## 二、快递人员推销

### （一）人员推销的基本形式

1. 区域推销式

这是一种最简单的推销方式。它将快递企业目标市场划分成若干区域，每个区域指派一名快递推销员负责该区域的快递产品推销。这种方式最适合同质性较大的快递产品的推销。其优点：一是推销人员的责任明确，有利于激发工作积极性；二是有利于快递企业推销员与当地客户建立广泛联系，便于推销业务的连续性；三是相对节省了销售费用开支。

2. 产品推销式

这是按快递产品种类来组织推销的一种方式。快递企业将经营的快递产品分成若干种类，每个推销员只负责一种或一类快递产品的推销工作。这种方法适用于快递产品比较复杂，涉及的技术性、专业性比较强的情况。其优点是有利于实行销售业务专业化；有利于销售人员熟悉快递产品；有利于销售人员对客户提供高质量的服务，从而促进企业产品的销售。其不足是对快递企业掌握区域性的市场行情不利。

3. 客户推销式

客户推销式是指快递企业按客户的行业不同、规模不同、分销渠道不同，而分配推销人员（如大客户经理）有针对性地开展推销活动。这种安排有利于推销员深入了解特定客户的需求，有利于在推销中有的放矢，提高工作效率。它的缺点是，如果用户分散在不同区域，不仅推销工作很不便利，也会相应增加推销费用。

4. 复合推销式

通常情况下，快递企业一般采用复合式推销组织形式。它通常是上述三种推销组织结构的混合运用，可以按区域—产品、区域—客户、产品—客户来分配推销员，或按区域—产品—客户来分派推销人员。其主要优点是适应性和灵活性较强，但对销售人员的要求很高，对销售人员的管理也比较复杂。

### （二）人员推销的过程

1. 寻找和识别潜在目标客户

推销人员应通过调查研究，从众多的单位、机构和个人中，寻找到目标客户。这是推销过程的首要环节。

2. 前期准备阶段

推销人员应当仔细了解目标客户的有关资料，包括需求状况、经济实力、购买方式、购买数量等，在此基础上制订一个全面的推销方案。

3. 试探性接触

推销人员根据前期掌握的客户资料，采取恰当的方式创造一个良好的开端，引起目标客户对所推销产品的兴趣。

4. 介绍与示范

目标客户对所推销产品产生兴趣后，推销人员可以向客户推荐合适的快递产品，重点介绍产品的优点、给客户带来的利益等，并能主动进行一些示范，增强客户对产品的信任。

5. 异议处理

在推销过程中，遇到客户提出异议是很正常的事情。推销人员要正确处理客户异议，对症下药，提出解决异议的方案，为下一步的成交奠定基础。

6. 及时促成

推销人员在产品推荐和异议处理后，客户仍然犹豫不决，这时就需要推销人员运用良好的技巧，从语言、表情等方面密切关注客户发出的成交信号，及时引导客户下决心达成交易。

7. 有效跟进

交易达成后，并不意味着推销工作的结束。推销人员应当制订一个客户维持计划，以确保该客户不会被忘记或失去。

### (三)人员推销的策略与技巧

人员推销是与客户面对面进行的促销活动，作为推销人员应当掌握一定的推销策略与技巧。

1. 推销策略

(1)试探性策略，亦称刺激—反应策略。就是在不了解客户需要的情况下，事先准备好要说的话，对客户进行试探；同时密切注意对方的反应，然后根据反应进行说明或宣传。

(2)针对性策略，亦称配合—成交策略。这种策略的特点是，推销人员事先要基本了解客户的需要，然后有针对性地进行“说服”，当讲到“点子”上引起客户共鸣时，就有可能促成交易。

(3)诱导性策略，也称诱发—满足策略。这是一种创造性推销，即推销人员首先要设法使客户产生需要，再说明所推销的这种产品能较好地满足这种需要。这种策略要求推销人员有较高的推销技术，在“不知不觉”中成交。

2. 推销技巧

(1)上门推销技巧

①找好可以上门推销的客户。推销人员可以通过商业性资料手册或公共广告媒体寻找有关客户的重要线索；也可以到商场、商店部等商业网点搜寻客户的名称、地址、电话、产品和商标等。

②做好上门推销前的准备工作。推销人员尤其要对产品的性能等充分了解并牢记，以便推销时有问必答；同时，应尽可能多地了解客户的基本情况和需求。

③掌握“开门”的方法。推销人员要选好上门时间，以免吃“闭门羹”，可以采用电话、传真、电子邮件等，事先与目标客户交谈或传送文字资料给对方并预约面谈的时间、地点；也可以采用请熟人引见、用名片开道的方式与对方有关人员交谈，取得目标客户的欢迎。

④把握恰当的成交时机。推销人员应善于体察目标客户的情绪，在给目标客户留下好感和信任时，抓住时机争取签约成交。

⑤学会推销的谈话艺术。

(2)洽谈的艺术

推销人员首先要注意自己的仪表和服饰打扮，给客户一个良好的印象；同时，言行举止要文明、懂礼貌、有修养，做到稳重而不呆板、活泼而不轻浮、谦逊而不自卑、直率而不鲁莽、敏捷而不冒失。在开始洽谈时，推销人员应巧妙地把谈话转入正题，做到自然、轻松、适时，可采取以关心、赞誉、请教、炫耀、探讨等方式入题，顺利地提出洽谈的内容，以引起客户的注意和兴趣。在洽谈过程中，推销人员应谦虚谨言，多让客户说话，认真倾听，表示关注与兴趣，并做出积极的反应；遇到障碍时，要细心分析，耐心说服，排除疑虑，争取成功。在交谈中，语言要客观、全面，既要说明优点所在，也要如实反映缺点，切忌高谈阔论、"王婆卖瓜、自卖自夸"，让客户反感或不信任。洽谈成功后，推销人员切忌匆忙离去，这样做会让对方误以为上当受骗了，从而使客户反悔违约；应该用友好的态度和巧妙的方法祝贺客户做成了一笔好生意，并指导对方做好合约中的重要细节和其他一些注意事项。

(3)排除推销障碍的技巧

①排除客户异议障碍。若发现客户欲言又止，推销人员应主动少说话，直截了当地请对方充分发表意见，以自由问答的方式真诚地与客户交换意见；对于一时难以纠正的偏见，可以善意地解释或者将话题转移。

②排除价格障碍。推销人员发现当客户认为价格偏高时，应充分介绍和展示产品、服务的特色和价值，使客户感到"一分价钱一分货"；对低价的看法，应介绍定价低的原因，让客户感到物美价廉。

③排除习惯势力障碍。推销人员要实事求是地介绍客户不熟悉的产品或服务，并将其与他们已熟悉的产品或服务相比较，让客户乐于接受新的消费观念。

## 三、快递广告宣传

广告是企业通过传播媒体向目标市场和社会公众进行的一种信息沟通渠道。广告作为一种高度大众化的信息传播方式，具有传播范围广、速度快、重复性好以及因充分利用文字、声音和画面而极富表现力的特点，特别适合于向分散在各地的众多目标客户传递信息。

快递企业进行广告宣传，首先要对传播对象、媒体性质、传播成本、竞争态势等进行分析研究，选出宣传成本低、效果好的广告媒体，然后再通过广告媒体向目标受众传递企业既定的广告内容，引导和影响目标客户购买本企业的产品。

### 1. 确定广告目标

广告目标是否明确与一致将直接影响广告效果。可供快递企业选择的广告目标主要有以下几种。

(1)以提高快递产品知名度为目标

以提高快递产品知名度为目标的广告，称为通知性广告。通知性广告主要用于某种快递产品的开拓阶段，其目的在于激发客户对快递产品的初步需求。

(2)以建立需求偏好为目标

以建立需求偏好为目标的广告叫做诱导性广告或竞争性广告。诱导性广告的目标旨在建立选择性需求，致使目标客户从选择竞争对手的产品转向选择本企业的产品。

(3)以提示、提醒为目标

以提示、提醒为目标的广告其目的是保持客户和公众对产品的记忆。提示性广告在产品生命周期的成熟期阶段十分重要。与此相关的一种广告形式是强化广告，目的在于使产品现有的客户相信他们所做出的选择是正确的。

2. 编制广告预算

在确定了广告目标之后，快递企业应着手为拟进行宣传的产品制订广告预算。广告预算是快递企业为从事广告活动而投入资金的计划安排。由于广告预算收益只能在市场占有率的增长或者利润率的提高上反映出来，因此一般意义上的广告预算是企业从事广告活动而支出的费用。

3. 确定广告信息

广告信息是实现企业广告宣传目标、获取广告宣传成功的关键。最理想的广告信息应能引起人们的注意，提起人们的兴趣，唤起人们的欲望，导致人们采取行动。

4. 选择广告媒体

广告媒体不同，其传播范围、传播时间、能够采用的表现形式、接受的对象等都是不同的。快递企业通过广告媒体把自己的意图在所希望的时间、地区传递给目标对象，需要根据媒体所能传播的信息量的多少、占用媒体时间与空间的多少支付不等的费用。选择广告媒体的关键在于寻求最佳的传送方式，在广告目标市场影响范围内达到期望的展露数量并实现最佳的成本效益。主要广告媒体的特点见表 3-1。

**主要广告媒体的特点** 表 3-1

| 媒体 | 优点 | 缺点 |
|---|---|---|
| 报纸 | 传播范围广、传播速度较快、选择性强、传播信息详尽、简便灵活、便于受众存查 | 时效性短、注目率低、印刷效果欠佳、感染力差 |
| 杂志 | 针对性强、有效期长、广告对象理解度高、广告内容含量大、印刷精美 | 成本费用高、灵活性小、受众局限 |
| 广播 | 传播速度快、覆盖面广、灵活性强、成本低廉、移动性强 | 广告信息易逝、形象性差 |
| 电视 | 形象生动、说服力强、辐射面广、渗透力强、传播迅速、时空性强、直观真实、理解度高、表现手法多样、艺术性强 | 信息时效短、信息量相对较少、广告费用高 |
| 网络广告 | 覆盖面广、信息容量大、信息交互传递、形式多样，广告投放较准确、动态实时、易统计性、投入效率高 | 硬件要求高、上网费用高、主动性差、视觉效果不佳 |
| 户外广告 | 重复出现、强化印象、成本低廉、选择性强 | 广告信息量有限、媒体形象较低 |
| 交通广告 | 易引起受众的注意、成本低廉、选择性较好 | 受众范围有限、信息容量小、不能引起立即购买 |

5. 广告效果评价

广告效果是通过广告媒体传播之后所产生的影响。这种影响可以分为对消费者的影响（广告沟通效果）、对企业经营的影响（广告销售效果）。测定和评价广告效果，是完整的广告活动过程中不可缺少的重要内容，是企业上期广告活动结束和下期广告活动开始的标志。

## 四、快递营业推广

营业推广是指快递企业运用各种短期诱因，鼓励购买或销售企业快递产品或服务的促销活动。销售促进的目的，既是为了开拓快递市场、扩大销售，同时也是为了与竞争对手争夺客户，加快信息反馈，提高经济效益。

1. 营业推广的方法

（1）赠送样品或试用品。快递企业向消费者赠送样品是介绍新产品最有效的方法，缺点是费用高。样品可以选择在营业点散发，或在其他产品销售中附送，也可以公开广告赠送或入户派送。

(2)折价券。在购买某种快递产品时，持券可以免付一定额度的费用。折价券可以通过广告或直邮的方式发送。

(3)包装促销。以较优惠的价格提供组合包装。

(4)抽奖促销。客户购买产品后可获得抽奖券，凭券进行抽奖。

(5)现场演示。企业派促销员在销售现场演示本企业的产品，向消费者介绍产品的特点、用途和使用方法等。

(6)联合推广。企业与零售商联合促销，将一些能显示企业优势和特征的产品在商场集中陈列，边展销边销售。

2. 营业推广方案

(1)确定推广目标。营业推广目标的确定，就是要明确推广的对象是谁，要达到的目的是什么。只有知道推广的对象是谁，企业才能有针对性地制订具体的推广方案。

(2)选择推广工具。营业推广的方法很多，但如果使用不当，则适得其反。因此，选择合适的推广工具是取得营业推广效果的关键因素。企业一般要根据目标对象的接受习惯、产品特点、目标市场状况等，来综合分析选择推广工具。

(3)推广的安排与配合。营业推广要与其他方式如广告、人员销售等整合起来，相互配合，共同使用，从而取得单项推广活动达不到的效果。

(4)确定推广时机。营业推广的市场时机选择很重要，如季节性产品、节日礼品、礼仪产品，必须在季前、节前做营业推广，否则就会错过了时机。

(5)确定推广期限。即确定营业推广活动持续时间的长短。推广期限要恰当，如果过长，消费者丧失新鲜感，产生不信任感；过短，一些消费者还来不及接受营业推广的实惠。

## 五、快递公共关系

公关关系作为快递促销组合因素之一，旨在加强企业与公众的联系，从公众利益的角度确定企业的经营方针和经营活动，通过宣传推广活动，刺激目标客户对快递产品或服务的需求，增加销售，改善企业形象，提高知名度。

1. 加强新闻宣传

利用新闻媒体宣传企业及产品是快递企业乐于运用的公关手段。快递企业的公共关系部门，可发表有关快递企业、产品和员工的新闻或举行活动，创造机会吸引新闻媒体的注意并进行宣传报道，这是一种效果好而且免费的广告。

2. 积极参与公益类社会活动

快递企业在主要从事生产经营活动的同时，还应积极参与广泛的公益性社会活动，在广泛的社会交往中发挥自己的主观能动作用，赢得社会公众的爱戴。例如，参与社会组织的各种文化、娱乐、体育活动，参与赞助办学、扶贫、救灾活动等。支持公益事业，一方面可以充分表现快递企业对社会的一片爱心，展示快递企业良好的精神风貌；另一方面可以广交朋友，亲善人际关系，从而以快递企业对社会的爱心换来社会对快递企业的关心。

3. 组织专题公众活动

快递企业可举办产品的新闻发布会、快递产品和技术展示会和研讨会，举行演讲会、报告会和纪念会；举办各种庆典活动和联谊活动；举办技术指导等活动等，通过这些活动吸引公众，提高快递企业及产品的知名度。例如，积极参加快递宣传周活动，各快递企业都可通过各种方式，举办各种活动来普及快递知识，宣传快递企业，介绍快递产品，通过这些有意义的活动，促进了快递公司产品的销售。

4.编写书面和音像宣传材料

快递企业可编写企业的年度报告、业务通讯和期刊、综合小册子、幻灯片等，内容可以介绍快递企业的历史、企业的优秀人物、企业取得的成就、产品特色等。这些材料可用于宣传、展览，从不同侧面充分展示快递企业的形象。

5.建立快递企业的统一形象识别体系(CIS)

为了在公众心目中创造独特的企业形象和较高的认知度，快递企业可以通过周密的策划和设计，确定一个统一的形象识别体系。快递企业的统一形象识别体系可以从理念识别、行为识别和视觉识别三个方面分别着手建立。

6.与当地政府机关、有关的行业团体、协会建立良好关系

快递企业应努力与政府建立良好关系，配合政府的发展规划，争取政府在政策、资金、土地等各方面的扶持；同时，还必须与相关行业团体、协会保持密切联系，可以加入一些重要的行业协会，如中国快递协会等，参加协会组织的各种活动，以扩大本企业在行业内的影响；还可以参加与快递相关的各种会议，如快递年会、快递研讨会等，以提升自身的知名度与企业形象。

## 六、顾问式销售

顾问式销售起源于20世纪90年代，是一种全新的销售概念与模式。顾问式销售是指站在客户利益的角度，结合客户需求和企业的现状，向客户提出解决方案与建议的一种销售方法。顾问式销售认为，客户是朋友、是与销售者存在共同利益的群体，好商品是客户真正需要的产品，服务本身就是商品，服务是为了与客户达成沟通。顾问式销售将销售者定位在客户的朋友和顾问的身份上。如何扮演好这三种角色，是实现顾问式销售的关键所在。随着快递客户的需求越来越多样化、个性化，为客户定制解决方案成为销售成功的关键。

1.顾问式销售的实施

客户的购买行为可分为产生需求、收集信息、评估选择、购买决定和购后反应五个过程。因此，顾问式销售可以针对客户的购买行为，分为挖掘潜在客户、拜访客户、筛选客户、掌握客户需求、提供解决方案、成交、销售管理等几个步骤来进行，具体概括如下。

(1)细分客户，选出服务对象。并不是所有的客户都乐意接受企业为其制定的快递服务，这是一个双向沟通达成协议的过程，其中有对企业品牌和形象的认可，有对营销人员专业技能的信任，也有对具体产品的满意程度。这些都需要快递营销人员通过细致入微的沟通与服务来实现。在专业能力和专业形象与其他人相仿的情况下，如果营销人员是客户的贴心朋友，那他获得成功的机会可能就会比别人更高。

(2)提高营销人员的专业素质。使客户踏入快递服务的门槛绝非易事，而客户入门后的服务更是难上加难。一旦获得客户认同，快递服务就会显得尤为突出和重要，这也是“顾问式营销”成功的关键和核心。快递服务组合策划与客户的服务理念相符、恰到好处地满足客户的需求，这都要求快递企业的营销人员和后台支持系统具有很强的咨询规划能力及比较专业的理财知识。因此，必须提高营销人员的专业水准和技能。

(3)前、后台的密切合作。前台的营销人员和后台的咨询体系要有充分的沟通。首先，前

台的营销人员将客户的想法充分反馈给后台人员，然后前、后台一起设计解决方案，使得快递服务能够满足客户的需求，实现客户的愿望。这是整个工作流程中的难点，也是一个团队合作协调的关键。由于顾问式营销工作专业性强，对员工的素质要求起点高，在个人能力有限的情况下，势必要打破原有的服务模式，形成团队服务的格局。如何使得这个团队的工作效率和能力发挥正常，团队内每个人的各项考核和分配安排合理成为关键。这首先需要团队领导人具备优秀的领导能力，通过恰到好处地引导，使团队中的每一个人都明白，只有放弃个人成见，确立唇齿相依、生死与共的忧患意识，才能获得整个团队的成功。

2. 实施顾问式销售应注意的事项

(1)营销人员在销售过程中要占据主动

在从事顾问式销售的过程中，营销人员必须具有相应的专业知识和行业知识，在销售过程中要表现出充分的自信，要善于引导客户，把客户的思维引导到自己所要表达的内容上来；对于比较敏感的价格问题，在开始的时候可量避开；当客户对产品有足够的兴趣后，再从客户需求的角度出发，自然过渡到价格话题，并且向客户说明价格是可以谈判的。

(2)开展顾问式销售，最应避免的是对客户的欺骗

营销人员应充分认识到，没有任何一个产品是十全十美的。当客户提到产品存在的不足时，营销人员要坦白承认，并积极做好引导工作，让客户意识到购买产品是买其所长，而非其短。面对用户的质疑，营销人员就应坦白承认，并且根据所掌握的专业及行业知识，为其找到相应的解决方案，帮助其消除疑虑。

(3)客户投诉时，要在最短时间内解决问题

如果营销人员自己解决不了，要及时向其他同事尤其是厂家寻求帮助。不管取得什么结果，即使暂时没有找到解决问题的办法，没有取得相应的结果，营销人员也要不断地通知用户自己正在做什么，让客户感到客服人员非常关心自己，正在为他的事情想办法。绝不能让用户感觉到你对他的问题毫不在乎，如果这样，客户会因为你的冷漠而改用其他企业的产品，你以前的努力也就会付诸东流。所以，营销人员要了解沟通的价值，善于聆听客户的心声乃至批评，这是一个优秀营销人员应具备的基本素质。营销人员与客户沟通时表达要简单明确，不要含糊其辞，尽量使用客户能理解的语言，尽可能不使用反问句，以避免不必要的误解，问题要尽可能简单以便于用户回答，这样才会使客户感到满意。

(4)了解利润来源，把重点放在核心业务上

利润永远都来自于客户。顾问式销售的目的就是通过营销人员的专业知识，向客户提出良好的建议，为客户提供增值服务，从而获得相应的利润。如果营销人员为客户提供比竞争对手更低成本的增值服务，为客户创造更多的价值，自己也会获得更大的利润。

在从事顾问式销售过程中，有许多技巧是可以掌握的。有了这些技巧，在营销人员就会做到事半功倍。

## 【思考与练习】

**一、重要概念**

市场细分、目标市场、市场定位、产品组合、成本定价、差别定价、人员推销、营业推广、顾问式销售

## 二、问答题

1. 快递市场细分的标准有哪些？请举例说明。
2. 结合快递行业，谈谈快递目标市场选择的策略有哪些。
3. 请举例说明某一个具体的快递企业的市场定位。
4. 快递企业如何建设自己的品牌？
5. 快递企业的营销渠道形式有哪些？请举例说明。
6. 快递企业如何进行顾问式销售？

# 第四章　快递客户维护

**【内容提要】**

快递企业客服人员通过客户维护可以向客户提供优质的专业化、个性化、人性化的服务，从而提高快递客户的满意度，赢得客户忠诚，实现客户与企业的双赢。本章重点介绍了提高客户满意度、赢得客户忠诚、减少客户流失的方法与技巧；阐述了建立客户关系管理系统的步骤；介绍了掌握快递企业与客户互动的呼叫中心的基本内容及熟练掌握电话沟通的技巧，以便能更好地满足快递客户的需求。

## 第一节　快递客户维护概述

快递客户维护是指快递企业通过不同角度与快递客户进行深层次接触，通过分析快递客户的需求，达到改善客户关系，创造客户价值的联络行为。通过客户维护，可以使快递企业根据客户的个性化需求提供更加专业化、个性化、人性化的服务；可以实现快递企业资源的集中管理和统一规划，实现企业范围内的客户信息共享，提高企业员工的工作效率；可以使企业和客户找到一条直接沟通渠道，从而降低双方的成本，实现客户和企业价值的最大化。

### 一、客户满意与客户忠诚

1. 客户满意和客户忠诚的含义

客户满意是指客户通过对某一产品或服务的可感知的效果期望值相比较后，所形成的愉悦或失望的感觉状态。美国营销学大师菲利普·科特勒说过："客户满意度是可感知效果与期望值之间的差异函数。如果效果低于期望，客户就会不满意；如果效果与期望相匹配，客户就会满意；如果效果超过期望，用户就会高度满意或欣喜，也就产生了一种对品牌的情感共鸣，而不仅仅是理性偏好，正是这种共鸣创造了客户的高度忠诚。"快递企业不断追求客户的高度满意，原因就在于一般满意的客户一旦发现其他企业提供的快递产品更能使其满意，就会更换快递企业。只有高度满意的客户才不会轻易更换快递企业。

客户忠诚是指客户购买行为的持续性，是客户对企业产品的信赖和认可，坚持长期购买和使用该企业的产品和服务，在思想和感情上所表现出的一种高度信任和忠诚的程度，是客户对企业产品在长期竞争中所表现出优势的综合评价。在激烈的竞争中，保持住现有的客户至关重要，这需要长期不断地对企业客户满意程度进行调研分析，及早发现并解决问题。

客户满意度是测量客户满意水平的量化指标。就快递行业而言，影响客户满意度的因素很多，主要包括快递服务质量、快递产品价格以及条件因素和个人因素。快递客户满意度调查表栏目可设计为如表 4-1 所示。

快递客户满意度调查表栏目　　表4-1

| 调查栏目 | 解释 |
|---|---|
| 基本项目 | 包括客户的基本情况、使用的快递产品、产品取得方式及时间等 |
| 产品特征 | 包括快递产品的性能、价格 |
| 服务质量 | 包括服务承诺、服务内容、响应时间、服务人员态度等 |
| 沟通与客户关怀 | 包括沟通渠道、主动服务等 |
| 与竞争对手比较 | 包括快递产品、客户服务等方面的比较 |
| 客户再次购买及向其他人推荐 | 据以分析客户忠诚度 |
| 总体满意度 | 客户对企业总体的满意度评价 |
| 问题与建议 | 请客户提出有关问题，并对企业提出宝贵建议 |

2. 客户满意和客户忠诚的关系

客户满意是指客户在消费后心理上产生的满足感，这种满意并不会直接给企业带来后续的利润。客户忠诚则是一种持续交易行为，表现为客户日后会重复消费，能够直接为企业持续创造利润。

客户满意与客户忠诚是紧密相关的。客户满意是实现客户忠诚的基础，只有对企业产品或服务感到满意的客户才会忠诚于企业。客户的满意程度经过累积可以使客户转化为忠诚客户。但客户满意不等于客户忠诚。激烈的市场竞争使得每一位客户都有了广泛的选择空间，无论满意不满意，他们没有必要对某一产品保持绝对忠诚。虽然客户满意是促成客户忠诚的重要因素，但是客户对企业表示满意和对之保持忠诚之间没有必然的联系。所以，在赢得客户满意之后，企业最重要的就是要把客户满意转化为客户忠诚。

忠诚的客户是企业宝贵的资源，他们不会因为外界的影响而转变对企业的信赖，而是一如既往地使用企业的产品或服务，甚至成为企业的义务推销员，将企业的产品介绍给自己的亲朋好友或同事。

3. 维护客户满意和客户忠诚的意义

培养客户忠诚对企业而言具有如下意义。

(1)客户一旦对某个产品形成偏好和忠诚，就很难被其他企业的产品所诱惑，甚至对其他企业的产品采取漠视和抵制态度，无形中减轻了企业的竞争压力。

(2)客户的重复购买将使企业收入增加，老客户保留的时间越长，购买量就越大；而且由于客服人员对老客户的需求特点更为了解，为老客户服务的效率将远远高于为新客户服务。

(3)招揽客户的费用减少，可使企业成本降低。据研究表明，开发一位新客户的成本约是维护一位老客户的成本的5倍。

(4)老客户会推荐他人购买，从而增加新客户。

4. 维护客户满意和客户忠诚的途径与方法

提高客户满意度、赢得客户忠诚是一项复杂的系统工程，并没有一成不变方法可以遵循，以下途径与方法可供参考。

(1)从思想上认识到客户的重要性

快递企业要想真正做到“尊重客户，以客户为中心”，必须从思想上认识到客户的重要性，要认识到客户是企业的利润源泉，满足客户的需求是企业的荣耀，真正将“以客户为中心”落实到行动中去，而不应流于形式，只注重口号的宣传。

企业管理人员首先应在重视客户方面作出表率，经常参加与客户交流有关的活动或会议，与接触客户的企业一线员工进行深入交流，从更高层次制订赢得客户忠诚的各项企业标准。

(2)培养忠诚的员工

员工忠诚是客户忠诚的基础。为了赢得客户，企业必须首先赢得员工，一方面要赢得员工在工作中的忠诚；另一方面又要避免员工的频繁跳槽现象。如果一个企业的员工总是频繁跳槽，这个企业就很难保证向客户提供一贯质量的服务，几乎不可能与客户建立长久而稳定的合作关系。客户在购买产品和服务的同时，无形中也购买了一种关系，这正是客户更愿意向了解他们喜好和偏向的企业购买产品和服务的原因。所以企业首先要培养忠诚的员工，然后忠诚的员工才能提高客户满意度，创造忠诚的客户。

(3)主动与客户接触并发现他们的需求

快递企业应当制订详细的计划，并主动多和客户接触，加强交流，通过相互的交流建立起一种合作伙伴式的“双赢”关系。通过这种接触可以了解客户当前的需求，以便于制订更有针对性的措施，更好地为客户服务。客户在不经意间所提出的一些建议和需求，就会给企业带来新的商机。常用的主动与客户接触的方式有：

①主动给客户发函，询问客户的意见和需求；

②定期派专人访问客户；

③定期召开客户见面会和联谊会等；

④将企业开发的新产品和发展目标及时告知客户；

⑤把握每一次与客户接触的机会，在一点一滴上赢得客户信任。

(4)建立有效的反馈机制

一次交易的结束正是下一次合作的开始。事实上，客户非常喜欢把自己的感受告诉企业，客服人员友善而耐心地倾听能够极大地拉近企业与客户之间的距离。反馈机制就像建立在企业和客户之间的一个桥梁。通过它，双方能够更好地沟通感情，建立起相互信任的关系。而成功的企业正是善于倾听客户的意见，并善于发现这些意见中有用的市场信息和客户需求，并转化为新的商机。反馈机制还包括对客户满意度的调查，通过调查会发现企业中存在的问题有哪些，客户的评价怎样，如何进行改进，企业下一步应该如何发展进步等。

(5)赢得老客户的满意和信赖

一般而言，企业的市场份额主要依靠两个来源：一是发掘新客户，二是维持老客户。在快速市场迅速增长情况下，企业往往采用进攻型的市场策略，通过迅速发掘新客户来抢占市场份额。随着市场的不断成熟和竞争的加剧，获得新客户的难度越来越大，成本也越来越高，快递企业的客户服务目标也逐渐发生了变化。以前企业的主要目标是增加新的客户，而今天企业更关注提高客户的满意度和赢得客户忠诚。企业存在的目的不仅仅是为了得到客户，更重要的是保持客户，并在不断提高客户满意度的基础上建立起客户忠诚，这才是企业营销的一项根本性的战略任务。企业利润的大部分往往是由小部分客户带来的，如果企业能牢牢抓住这部分客户，并且把他们培养成为忠诚客户，对于企业的发展具有非同寻常的意义。

(6)妥善处理客户的抱怨

在倾听了客户的意见后就应当及时妥善地处理客户的抱怨，这也是赢得客户满意和忠诚的有效的方法。客户抱怨说明企业的产品或服务存在不足，这相当于客户给企业免费提出的建议，是企业进一步完善自己、增强产品竞争力的一个契机。企业妥善处理客户的抱怨可以“化危为机”，既因为尊重和关怀赢得了客户，也给自己带来新的发展机会。

(7)提供差异化产品和个性化服务

为了提高客户满意度，赢得客户忠诚，企业可以为客户提供差异化产品和个性化服务。在快递服务高速发展的今天，快递行业内的运营和产品成本已经接近社会平均成本，期望通过价格战来赢得客户已经变得越来越不可能。在这种情况下，企业为客户提供差异化产品和个性化服务就显得尤为重要。

差异化产品主要强调快递产品的特色。这里的特色是指立足于快递产品的基本功能，尽可能多地向客户提供符合客户个性化需求的增值服务。这些增值服务恰恰体现了快递产品差异化和客户需求个性化的特点。企业就是要通过提供这些差异化的产品和个性化服务来吸引客户，赢得客户的满意和忠诚。

## 二、优质客户服务的基本要求

1. 优质客户服务含义

优质客户服务是快递企业根据市场竞争策略，以最大限度满足客户需求、赢得客户信赖为导向，所展开的从企业到员工的服务活动。

优质客户服务是以无形的方式提供给客户的，包括解决客户反映的问题和满足客户物质需求、精神需求的全部行为，不仅能让客户当时感觉满意，更重要的是可以留住客户，让客户愿意再次把寄递的物品交给企业，以至于成为忠诚的“回头客”。

2. 优质客户服务的内容

优质客户服务的过程非常复杂，它是一个系列过程，往往也意味着客户要参与全部的过程。优质客户服务的内容也体现在服务过程中。做好客户服务工作的基本要求如下。

(1)对客户表示热情、尊重和关注

“客户是上帝”，对于快递客户服务工作来说更是如此。当客户需要寄递快件时，他们希望得到的不仅仅是方便快捷，还有足够的热情和尊重。只有做到充分尊重客户，以热情的工作态度去关注客户并尽量满足客户的每一项需求，客户才有可能对企业的服务感到满意，企业才能在市场竞争中处于有利地位。

(2)帮助客户解决实际问题

客户接受快递服务，其根本目的就是需要快递企业妥善完成快件寄递或帮助解决寄递过程中出现的问题。

(3)迅速响应客户的需求

优质客户服务的一个重要环节就是能迅速地响应客户需求。当客户表达其需求后，快递客服人员应当在第一时间作出迅速反应。

(4)始终以客户为中心

快递客服人员在为客户提供服务的过程中，要始终以客户为中心，关注客户的心情和需求。始终以客户为中心不能只是一句口号或是贴在墙上的标语，应是一种具体的行动和带给客户的一种感受，如为客户倒上一杯水，真诚地向客户表示歉意，主动地帮助客户解决问题，在客户生日时主动寄上一张贺卡或打电话问候，在客户等候时为他准备书刊杂志以消磨时间等。

(5)设身处地为客户着想

设身处地为客户着想，是做到始终以客户为中心的前提。作为一名快递客户服务人员，能经常换位思考是非常重要的，设身处地为客户着想，就意味着能站在客户的角度思考问题、理解客户的观点、知道客户最需要的和最不想要的，只有这样才能为客户提供优质服务。

(6)提供个性化的服务

每个人都希望能获得与众不同的“优待”,如果客户能得到与众不同的服务和格外尊重,服务工作将能更顺利地开展。个性化的服务还包括对客户的一些特殊的要求,快递企业也应能加以特殊对待、及时酌情予以满足。

(7)持续提供优质服务

为客户提供一次优质的服务,甚至一年的优质服务,这都可以做到,难的是能为客户提供长期的、始终如一的高品质服务。如果真正能做到这一点,快递企业就会逐渐形成属于自己的品牌,在竞争中就能取得优势地位。

3.优质客户服务的质量要求

快递客户服务的质量与企业的服务设施、设备等物质条件有关,也与企业客服人员所表现出的素养有关。快递客服人员的精神面貌、工作态度、着装等,都可以从侧面体现出快递企业的客户服务水平。快递客户服务的质量可从以下几个方面来评价。

(1)可靠性

可靠性意味着快递企业能及时准确地为客户提供快递服务,不会发生快件延误、损毁、丢失等情况。

(2)回应性

快递企业的客服人员应该具有帮助客户的主观愿望,并能迅速、准确、便捷、有效地帮助客户解决问题,提供优质的客户服务。

(3)可信性

快递企业客服人员为客户提供的信息要可信,提出解决问题的措施要尽可能使客户采信,能够增强客户对企业的信心;要使客户产生亲切感,而不是戒备和产生逆反心理。

(4)同理性

客户服务人员能够设身处地为客户着想,对客户表示关注和关怀,能和客户进行情感上的交流。

4.服务心态和服务意识

(1)服务心态

快递客服人员良好的服务心态包含以下方面。

①拥有乐观向上的人生态度。积极的思想会产生积极的行动,积极的行动会得到积极的结果;消极的思想会导致消极的行动,消极的行动必将导致消极的结果。

②对工作目的有正确的认识。快递客户服务人员要清楚地认识到,客服工作的目的是给快递客户带来便捷的生活,而不是整天想着要从客户那里赚取多少利润。

③要有主动服务客户的心态。客服人员与客户是合作伙伴,而不是对手。要主动向客户提供优质服务,而不是等待客户来使用服务。

④要尊重客户、关怀客户、重视客户,有效解决客户目前存在的问题。

⑤要感同身受,理解客户;心怀宽容,想客户所想。秉承“以客户为中心”的服务理念,脚踏实地做好客户服务工作。

(2)服务意识

服务意识是指企业客服人员自觉、主动地做好客户服务工作的一种观念和愿望。提高快递客服人员的服务意识,应从以下几个方面入手。

①遵守客户服务规范,培养良好的职业服务习惯。

②真正理解客户服务的价值，通过帮助他人而获得自身能力的提升。

③尊重客户，为客户着想。

④快乐服务，感受服务的愉悦，体验服务中的自我价值。

⑤重视每次服务的细节，并有详细的客户服务档案，能及时补充和更新。

⑥定期主动地上门收集和分析客户对自己服务的评价。

⑦定期向客户提供信息，让客户尽快了解企业的服务动态。

⑧乐意为客户提供必要的、力所能及的额外服务。

⑨耐心倾听客户的抱怨，并能恰当处理与反馈，认真分析客户流失的原因，并总结经验以提升自己的服务水平。

# 第二节　呼叫中心管理

## 一、呼叫中心概述

1. 呼叫中心的含义

从传统意义上来说，快递企业的呼叫中心(Call Center)是以电话为渠道和载体，为客户提供电话呼叫、业务咨询、自助式下单、快件状态查询、投诉处理等服务功能的客户服务部门。呼叫中心的服务准则是提供高质量、高效率、全方位的电话客户服务。

“呼叫中心”可以把传统的柜台业务用电话自动查询方式代替。“呼叫中心”能够每天 24 小时不间断地提供服务，并且有比柜台服务更友好的服务界面，用户不必跑到营业厅，只要通过电话就能迅速获得信息，解决问题方便、快捷，增加了用户对快递服务的满意度。

2. 呼叫中心的发展

最早的呼叫中心仅限于提供一些快递业务咨询和查询服务，业务范围也只包括快递企业开办的业务，以被动等待客户呼入为主。随着快递企业的业务从单一化向多元化发展，呼叫中心也从最初的单一语音服务，逐步转变成为通过电话、短信、电子邮件、互联网等多种媒介的协同，为客户提供企业层面统一的服务，成为客户体验的联络中心或者客户交互中心。随着呼叫中心服务范围的拓展，在客户得到更多实惠的同时，也增强了快递企业的竞争力。

计算机电话集成技术(CTI)的应用，使现代呼叫中心的服务功能大大加强。接入呼叫中心的方式可以是客户电话拨号接入、传真接入、计算机及调制解调器(MODEM)拨号连接以及因特网网址(IP 地址)访问等。用户接入呼叫中心后，就能收到呼叫中心任务提示音，客户可以通过电话机上的按键来操作呼叫中心的计算机，按照呼叫中心的语音提示，就能接入数据库，获得所需的信息服务，并进行存储、转发、查询、交换等处理。客户还可以通过呼叫中心完成交易。

## 二、呼叫中心在客户互动渠道管理中的作用

在提高快递客户服务水平方面，呼叫中心主要起以下作用。

1. 提高客户的满意度和忠诚度

对于一个快递企业来说，如何将客户与企业有机地结合起来，建立畅通快捷的沟通渠道，不断增加使客户感到满意的服务内容，让客户感受到企业的关注，已成为企业取得成功的一个重要因素。

争取新客户的成本要远远超过保留老客户的成本。如果快递企业与客户保持广泛、密切的联系，提供超过客户期望的服务，可为企业保留老客户，争取新客户，将满意客户发展成为忠诚客户。

2. 是连接快递企业与客户的桥梁和纽带

呼叫中心的客服人员，既是呼叫中心的实际操作人员，也是企业与客户之间的沟通桥梁。客户对快递企业的认同，很大程度上体现在对呼叫中心客服人员的服务质量的认同方面。呼叫中心的客服人员，就是有着先进技术手段和良好技能的客户服务代表。客户的许多问题，都需要通过客服人员沟通、协调与解决。

3. 有效地管理资源降低成本

呼叫中心是一个庞大的支持系统，对外连接着客户，对内连接着快递企业各部门，相当于企业的生产指挥调度中心。随着 CTI 技术、Internet 技术的飞速发展和融合，产生了由先进计算机系统集成的呼叫中心。同时，先进的管理思想也越来越多地融入了呼叫中心的核心设计中，这使得企业对资源的管理变得更加有效。实践证明，呼叫中心的引入完善了快递企业的管理系统，降低了生产成本，大幅度提高了企业的工作效率和客户服务水平。

4. 保持现有客户，挖掘新的市场资源

呼叫中心的客服人员在接到客户的投诉和抱怨时，可以将客户的误解、抱怨转化为亲切服务，及时解答客户的问题，维护企业与客户的关系，也可以通过访问数据库信息，将客户的问题转化成新的销售机遇。在许多情况下，客服人员可以通过向客户介绍新增的服务项目和业务，解答客户的提问。另外，呼叫中心还能主动联系客户，向客户宣传推广企业的产品，挖掘潜在的客户。

5. 为企业提供市场分析数据

呼叫中心直接面向客户，接触的是最真实的市场需求，可以收集和积累大量的数据。这些数据是每个企业都梦寐以求的，也是呼叫中心在运营中不断升值的原因之一。企业可以利用呼叫中心将这些数据加以统计分析，对快递产品的开发将起到巨大的促进作用。

## 三、呼叫中心座席员的常规操作流程

1. 呼叫中心座席员日常行为规范

(1)心态积极

呼叫中心座席员要保持积极的心态，使声音富有活力，让客户感受到服务的热情。

(2)态度诚恳

要真诚地对待客户，帮助客户解决问题，而不是推诿。要面带微笑地进行谈话，这样既使自己充满了自信，也会感染客户，把欢乐带给客户。

(3)语气自信

要充分相信自己，在语气、措辞等方面不要模棱两可。

(4)内容简练

用语要言简意赅，尽量不要谈及太多与业务无关的内容。为了与客户建立关系，适当地谈些与个人有关的内容也是可以的，但要注意适可而止。

(5)业务精湛

呼叫中心座席员对本企业的所有快递产品及业务都要熟记于心，能够随时准确、迅速地回答客户问题，满足客户需求。

2. 呼入电话处理流程(图 4-1)

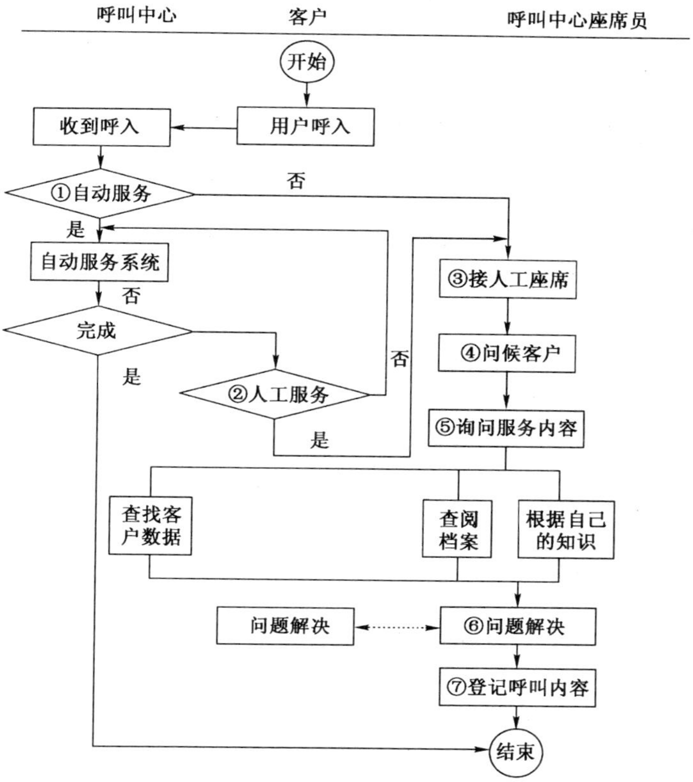


图 4-1　呼入电话处理流程图

(1)电话开场

客户打入电话,呼叫中心座席员要礼貌地进行电话开场。电话开场语气要平和,以拉近与客户之间的距离,让客户感受到强烈的服务意愿。开场白参考如下:

"您好! ××号为您服务,请问有什么可以帮您?"

如果在节日,可以在前面加上"××节日快乐!";如果客户等待时间较长,可以加上"很抱歉让您久等了",使客户感受到亲切和真诚。

(2)探寻客户需求

呼叫中心座席员在倾听电话时要伴以"嗯"、"是的"等肯定客户谈话的内容,表明在认真倾听,使客户感到被尊重,并适当进行提问引导,以获得与客户沟通的主动权,迅速了解客户需求。

(3)提出解决方案

呼叫中心座席员在确认客户的需求后,应提出完整、精炼、双赢的解决方案。如不能马上解决,在征得客户同意后,可转交相关部门办理。

(4)确认咨询内容

呼叫中心座席员应随时准确记录咨询沟通内容,并加以确认是否与客户的需求相吻合。确认过程中可使用如下语句:"您看这个问题可以这样吗……""请问还有其他问题吗?"

(5)结束电话

呼叫中心座席员应在客户先挂电话后,方可挂电话,以防客户在咨询接近尾声时会突然想起其他内容。

3. 呼出电话处理流程(图 4-2)

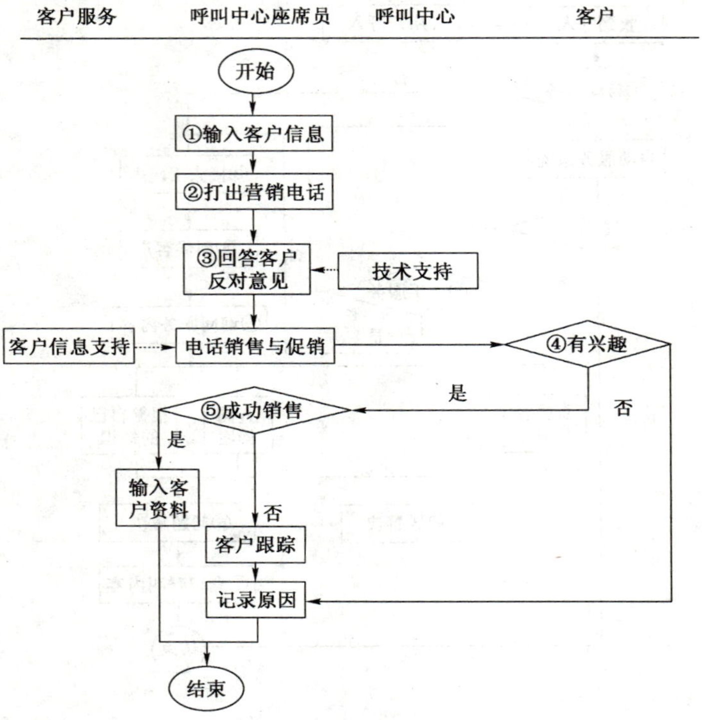


图 4-2 呼出电话处理流程图

(1)做好沟通前的准备

呼叫中心座席员根据业务需要设立呼出沟通的目标,明确希望通过沟通达到的目的,然后选择需要沟通的客户对象,并了解其具体信息,包括姓名、电话号码、地址、工作单位等。

(2)电话开场

与呼入电话处理流程中的电话开场一样,呼叫中心座席员在呼出电话后也要礼貌地进行电话开场。语气要平和,以拉近与客户之间的距离,让客户感受到真诚的服务意愿,消除客户的戒备心理。

可供参考的开场白是:

"您好,我是××公司客服人员,请问是×先生吗?"

"您好,请问是×先生吗? 我是××公司××,上次在××拜见过您的。"

(3)电话沟通

简要说明呼出电话的意图,进行电话沟通。对客户的问题进行细致耐心的解答。如客户有其他事情处理,应约好下次沟通的时间,并准确守时、主动进行下一次沟通。如客户不耐烦地拒绝此次沟通,要礼貌致谢。

(4)电话结束

电话结束时,要真诚地向客户表示感谢。

# 第三节　客户关系管理

## 一、客户关系管理概述

客户关系管理(Customer Relationship Management,简称 CRM),是伴随着因特网和电子商务的大潮进入中国的。最早提出客户关系管理概念的国家是美国。美国在 1980 年初便有所谓的“接触管理”(Contact Management),专门收集客户与公司联系的所有信息。到 1990 年则演变为包括电话服务中心和支持资料分析的客户关怀(Customer Care)。20 世纪 90 年代初期,客户关系管理体现为销售力量自动化系统(SFA)、客户服务系统(CSS)。1996 年发展为集销售、服务于一体化的呼叫中心(Call Center)。1998 年,随着电子商务的兴起,CRM 开始向 E-CRM 方向发展。

1. 客户关系管理的含义

客户关系管理是协助企业与客户建立关系,并使双方都受益的一种管理模式。美国的 Gartnet Group 在 20 世纪 90 年代初首先提出了 CRM 的概念,认为客户关系管理就是:为企业提供全方位的管理视角,赋予企业更完善的客户交流能力,实现客户收益最大化。

CRM 是借助先进的信息技术和管理思想,通过对企业业务流程的重组来整合客户信息资源,并在企业的内部实现客户信息和资源的共享,为客户提供“一对一”个性化服务,改进客户价值、满意度、盈利能力以及客户的忠诚度,保持和吸引更多的客户,最终实现企业利润最大化。另外,CRM 应用系统通过对所收集的客户特征信息进行智能化分析,为企业的商业决策提供科学依据。

CRM 既是一种管理理念,也是一套软件和技术。CRM 应用软件将最佳的实践过程具体化,并使用了先进的技术来协助各企业实现缩减销售周期和销售成本、增加收入、寻找扩展业务所需的新的市场和渠道以及提高客户的价值、满意度、盈利性和忠实度等目标。

CRM 在整个客户生命期中都以客户为中心,这意味着 CRM 应用软件将客户作为企业运作的核心。CRM 应用软件简化了对各类业务功能(如销售、市场营销、服务和支持)的协调过程,并将其注意力集中于满足客户的需要上。CRM 应用还将与客户交流的多种渠道,如面对面、电话接洽以及 Web 访问等融为一体,这样企业就可以按客户的喜好,使用适当的渠道与之进行互动性交流。

CRM 是通过赢得、发展、保持有价值的客户,增加企业收入,优化盈利性,提高客户满意度的商务战略。通过获得更多的客户线索,更广泛地共享客户信息,协同工作,增加收益,提高客户价值,实现企业和客户的“双赢”。

2. 客户关系管理理念

“以客户为中心”是客户关系管理中的核心理念,这是相对于“以产品为中心”的企业运营方式而言的。对利润的片面追求,使企业忽略了客户需求,最终违背了追求利润最大化这一企业的原始动力。

在世界范围内,“以客户为中心”已成为众多企业制订战略目标、重组机构和流程的基点。在国内,卖方市场逐渐变成了买方市场,越来越多的企业开始意识到服务的重要性,于是“以客户为中心”的理念得到了广泛认同,在很大程度上已演变成为一种新的思想。

快递是一种“门到门”的服务,因此,“以客户为中心”成为快递企业生存的基础,快递企业的客户关系管理必须围绕客户进行组织结构设计和流程设计，以便更好地满足客户的个性化需求。与传统的第三方物流和货运代理相比，快递业务具有动态性、实时性、地域分布性和各种关系错综复杂等特点，要避免快递企业陷于混乱有两个较为有效的手段：其一，必须有一条主线串起所有业务环节，这就是“以客户为中心”；其二，要进行全方位的信息化管理，这同样也要通过“以客户为中心”展开。

通过“以客户为中心”的理念开展客户关系管理可以达到以下效果：

①组织结构设计更加紧凑合理，流程更加顺畅高效；

②通过主动服务、自动服务等手段，可大幅度节省费用、节约人力成本；

③整个企业以提升客户服务质量为目标，可以大大提高客户的忠诚度。

3. 客户关系管理的目标

(1)提高效率

通过采用信息技术，可以提高业务处理流程的自动化程度，实现企业范围内的信息共享，提高企业员工的工作能力，并有效减少培训需求，使企业内部能够更加高效的运转。

(2)拓展市场

通过新的业务模式(电话、网络)扩大企业经营活动范围，及时把握新的市场机会，占领更多的市场份额。

(3)保留客户

客户可以自己选择喜欢的方式同企业进行交流，方便地获取信息，以得到更好的服务。客户满意度的提高，可帮助企业保留更多的老客户，并更好地吸引新客户。

4. 客户关系管理的功能

客户关系管理的功能可以归纳为如下三个方面：对销售、营销和客户服务这三部分业务流程的信息化管理；与客户进行沟通所需要的手段(电话、传真、网络、电子邮件等)的集成和自动化处理；对上面两部分功能所积累下的信息进行加工处理，为企业制订战略战术的决策作支持。

## 二、基于CRM系统平台的客户关系管理内容

1. 客户信息管理

CRM系统平台的客户信息管理的内容应包括：客户名称、所属行业及组织机构；各种形式的通信方式及其他联系方式；客户的业务记录中存在的问题、保持的优势、信用状况等；客户的结算方式等。

2. 业务跟踪和控制管理

客户最近的快递使用情况包括：使用的时间间隔和使用的业务记录；与其他快递企业业务往来的情况；与本公司的业务关系及合作态度。

3. 内部客户管理

内部客户的信息，如姓名、住址、电话、爱好、文化程度、毕业院校、所学专业、进入本公司的时间及工作履历、工作部门、培训记录、业绩考核、工作计划、总结与建议。

4. 客户保持管理

客户保持管理的内容应包括：每次客户拜访的时间、地点与成效等记录；客户交接情况的详细记录(包括内部客户及外部客户的交接情况录入)；客户投诉记录；客户流失预警、处理及跟踪；黑名单客户的管理。

5. 客户理赔管理

客户理赔管理内容包含:理赔的客户名称与单号、事故缘由记录、保险情况、理赔交接、理赔统计等。

6. 企业决策分析

企业决策分析主要包含:数据分析与处理,计算客户开发和维护的成本与利润,为企业的下一步决策作数据支撑。

## 三、客户关系管理实施

客户关系管理系统(CRM)给企业增加的价值主要从两个方面来体现:通过对客户信息资源的整合,在全公司内部达到资源共享,从而为客户提供更快速、周到的客户服务,吸引和保持更多的客户;通过对业务流程的重新设计,更有效地管理客户关系,降低企业成本。因此,成功的CRM实施离不开系统资源和企业文化两方面,只有这两方面同时满足,才能达到增加企业盈利和改善客户关系这一投资优化效果。

1. CRM的构建步骤

(1)确立客户关系管理系统的目标

为了获得战略上的成功,企业在考虑部署其CRM方案之前,首先确定利用CRM实现的具体目标,如提高客户满意度、缩短产品销售周期以及增进合同的成交率。

(2)明确使用人员的实际需求

在充分了解快递企业的业务运作情况后,需从业务经理和客户经理的角度出发,确定其所需的功能。就快递企业而言,企业存在两大客户群:营销人员和客服人员。在构建CRM时,应考虑这些使用人员的实际需求。

(3)选择供应商

确保所选择的供应商对快递企业所要解决的问题有充分的理解,了解其方案可以提供的功能及应如何使用其客户关系管理系统方案,确保供应商所提交的每一个软、硬件设施都有详细的文字说明。

(4)优化业务流程

能识别出哪些客户导致了企业成本的发生,哪些客户对企业快递服务提出过抱怨,要对客户进行差异化分析。同时,与客户保持积极接触,向客户提供多种可行的联系渠道。

(5)开发与实施

客户关系管理方案的设计,需要企业与CRM软件供应商两个方面的共同努力。为了使这一方案得以迅速实现,企业应首先开发当前最迫切需要的功能,然后分阶段不断向其中添加新的功能。此外,企业还应根据业务需求,不断对使用者进行新的培训。

2. CRM成功实施的要素

(1)企业高层领导的支持。成功的CRM项目都有一个项目支持者,从总体上把握这个项目,为项目提供战略方向和指导思想,保障这个项目的顺利开展。

(2)适当调整组织结构,进行业务运作流程的重组。项目组要根据当前业务流程调查与分析,从企业内外征求改进业务流程的好建议。

(3)在CRM项目的各个阶段(需求调查、解决方案的选择、目标流程的设计等),快递企业要积极参与,使该项目成为对客户负责的项目。

(4)在实施过程中,千方百计从客户的角度出发,一切为了客户,为客户创造方便。

3. CRM 系统的有效构建

(1)整合企业的信息系统

将客户管理思想融入企业的管理信息系统，客户关系管理的核心是根据从客户那里获得的信息，为客户提供具有独特价值的解决方案，故 CRM 成功实施的关键是在企业中建立统一的客户信息数据库。

一个企业的信息系统是企业管理思想的体现，在建立 CRM 系统时，应将客户关系管理的思想融入企业的信息化建设中，对已有信息系统进行改进，建立统一的客户信息数据库供企业各部门所共享。建立统一的客户信息数据库需对企业业务流程进行改造。业务流程是为完成企业基本的经营目标所执行的日常活动，企业的业务流程直接体现企业的核心能力。在流程重设计中，充分考虑客户的价值，消除非增值活动，简化任务，有效提供客户满意的产品和服务，快速响应客户需求。

(2)建立企业客户分类标准

快递企业应针对不同客户提供不同的服务方式，并根据客户的不同需求，提供不同的产品，制订不同的营销策略，建立客户分类标准。

快递企业客户分类标准可采用近期购买次数、购买频度和购买的金额，企业还可根据自身特点，加入其他指标，如消费方式、地理位置等，另外还可应用数据挖掘技术，在企业已有客户信息中根据企业所关心的客户特征，通过聚类分析，得到企业新的分类指标。

根据分类标准对企业客户信息进行分类处理后，在同类客户中根据销售信息进行统计分析，发现共同特点，开展交叉销售，做到在客户下定单前，就能了解客户需要，有针对性地进行商品推荐，实现营销。

(3)有效收集客户信息，规范客户信息使用

一个 CRM 系统能否有效应用，一个重要因素就是客户数据的有效性。企业建立 CRM 后，往往会设计各种表格，通过各种渠道收集客户信息，在收集信息内容的设计上要从客户的角度出发，避免无效信息的收集。企业应尊重客户个人信息，只有对客户信息进行保护，才能建立企业与客户间的信任关系，也才能有效地开展与客户相关的企业活动。一个不尊重客户信息的企业，是不可能做好客户关系管理的。

在客户信息的使用上，应根据企业员工的工作性质设置不同的使用权限，客户部分信息在全企业内是公开共享的。例如，企业将根据其内部各部门的工作需求对客户反馈的问题、售后服务的记录等设置相应的使用权限，如客户的住址、收入水平、家庭人口数等。

(4)客户抱怨信息的有效收集与使用

客户信息不仅能帮助企业有效地制订营销策略，提高产品销售，还可以帮助企业更好地实现客户关怀，建立与客户的长期合作关系，并将客户信息应用于企业经营决策中。值得注意的是，在企业实施 CRM 过程中，不论客户是以何种渠道(呼叫中心、电子邮件、信函或与企业员工直接接触)向企业反馈投诉意见的，企业都要认真收集这些投诉意见，并记录到数据库中。

企业应教会每一位员工正确处理客户的抱怨与投诉，学会聆听客户意见，并想办法解决。

(5)建立基于 Web 和计算机系统的集成呼叫中心

呼叫中心是企业为了密切联系用户，利用电话作为交互联系的媒体，为用户提供及时的咨询与技术支持服务。现阶段的呼叫中心是一种基于计算机与通信技术、CTI 技术(通信网、计算机网集成技术)，具备互联网访问功能，提供处理电话呼叫、E-mail 应答、基于 Web 对客户请

求应答等服务措施，不仅对外部客户提供服务，也为企业内各部门的合作提供同一技术平台，将企业连为一体的一个完整的综合信息服务系统。

为提高呼叫中心的工作效率，系统还应具有电子邮件的辅助回复功能，建立常见问题回复模版，对客户邮件自动扫描，识别关键字，自动选择所需模版，减轻客户服务人员的工作量。

呼叫中心的建立还可与企业的办公自动化建设结合起来，在企业内的局域网中通过 OA 平台有效进行客户信息发布和收集。

4. CRM 与电子商务的整合

电子商务是从 20 世纪 90 年代中期才开始蓬勃发展起来的，正在以令人难以想象的速度进入社会、经济、生活，成为各国政府以及科教、企业界人士关注的重点，而客户关系管理则是电子商务的一个重要环节。利用信息技术使企业市场营销、销售管理、客户关系、服务和支持等经营环节的信息及时、充分、有序地在企业内部和客户之间流动，提高客户交付价值、客户满意度和忠诚度，与客户建立起长期、稳定、相互信任的密切关系，实现客户资源的有效利用。

CRM 的核心思想是把客户群体看作企业宝贵的外部资源，并尽可能地将其纳入企业的控制范围内，以增加客户价值为中心，有效满足客户的个性化需求，改善客户关系和提高企业的市场竞争能力。

在电子商务环境下，理解客户的要求、满足客户的期望是企业面临的最大挑战。网络环境的便利可以使客户在几秒钟内成为竞争对手的客户，这也决定了电子商务环境下客户已经从企业的营销目标变成了企业的合作伙伴。

客户的需求随时都在变化，但根据过去客户变化的情况，营销人员仍然可以通过调出以前的历史数据进行比较，总结出客户需求变化的特点，以便预测客户的需求变化，从而作出准确决策。

5. E-CRM 与 M-CRM

1)E-CRM

基于 Internet 平台和电子商务战略下的客户关系管理系统统称为电子客户关系管理，简称为 E-CRM。

如今，电子商务的快速发展已成为必然的走向，电子商务的产生对传统 CRM 的做法提出了重大的挑战与质疑，传统的 CRM 逐渐显露了其不足之处。E-CRM 能为企业在电子商务时代创造竞争优势，提出更适合的解决方案。E-CRM 有以下的特色。

(1)统合性

它包含了前端与后端的统合。前端是指统合式的联系渠道，它使企业可以同时让客户依自己的方便在不同时间以电话、传真、网站或电子邮件等各种不同的渠道与企业接触。更重要的是不论是人工还是自动化装置，企业所提供的解答都相当的一致。后端则用先进的资料分析方法，深入探索客户相关的资料，以此作为客户管理的依据。

(2)一对一

E-CRM 是以每一个客户作为一个独立的单元，所以客户行为的追踪或分析也是以单一客户为单位，发现他的行为方式与偏好。同时，应对策略或行销方案也是依每个客户的个别状况来提供。

(3)迅速性

网络时代消费者能快速地接受大量信息，所以消费者的偏好也不断地改变，企业也必须不断地观察消费者行动的改变，并立即调整应对策略，才能掌握先机赢得客户。

2)M-CRM

无线通信技术与无线因特网的发展为客户关系管理系统插上了移动的翅膀。移动客户关系管理系统(简称 M-CRM)是一套基于短信技术的客户关系管理软件,面向对客户关系管理中的会员管理需求高的服务型商业客户,可以通过短信手段建立他们和企业之间的互动平台,提供短信入会、积分管理、信息发布等,将极大地帮助客户掌握商业机会。

移动客户关系管理系统(M-CRM)有效地解决了快递企业未能建立有效的客户资料数据库,无法进行客户细分、客户关怀及有针对性的客户营销、即时广告宣传、即时沟通等在传统客户关系管理中所面临的问题。它采用手机短信的方式,将会员卡与手机号码绑定,手机的双向功能保证了商家与消费者之间的沟通与联系,同时短信的普及与使用保证了商家可以将促销与优惠信息直接发布到消费者手中。此外,M-CRM 具有强大而简便易用的后台数据库及应用功能,可以方便地录入客户资料,定时进行客户关怀,根据行业需要按照客户消费习惯细分客户,从而帮助商家对消费者进行个性化营销。

移动客户关系管理系统(M-CRM)的特点包括:

①无须印制会员卡,会员卡与手机号码绑定;

②提供客户细分,迅速、直接、有效发布促销信息,效果远高于"派传单"等传统方式;

③使用短信方式与会员沟通,费用更低;

④相对快递行业而言,流程清晰易懂,操作简便高效。

# 第四节　客户流失分析

## 一、快递客户流失概述

### 1.快递客户流失的概念

快递客户流失是指快递客户放弃目前使用的快递服务。对快递客户流失的界定,可以从如下四个方面着手:一是客户因为自身某种原因离开目前已经使用快递服务的企业;二是客户由于欺诈等原因被目前使用快递服务的企业主动剔除;三是客户从目前已经使用快递服务的企业转向其他快递企业;四是客户从高价值客户成为低价值客户。

### 2.客户流失的代价

据研究数据显示,一般企业每 5 年就会失去半数的客户;一个满意的客户会将自己愉快的体验告诉 4~5 个其他的人,而一次糟糕的体验将会有 7~13 个人知道。一个企业获取一个新客户的成本是保留一个老客户的 5 倍;一个企业如果每年降低 5%的客户流失率,利润每年可增加 25%~85%。所以,有效预防客户流失,相当于给企业创造了一笔可观的利润。

快递客户流失会导致快递企业的收入损失,失去大量客户会对快递公司的财务状况造成极为不利的影响。同时,当出现客户流失时,快递企业通常还会为了挽留老客户或吸引新客户而增加广告投入。

快递客户流失会导致快递企业为重新获取新的客户而发生费用。相比而言,快递老客户对业务的消费比新客户多,对价格不如新客户敏感,相应的客服成本比新客户低,而且还会为公司带来新的客户。

快递客户流失不仅会给快递公司带来经济上的重大损失,而且会给快递企业内部的工作环境带来恶劣影响,同时也会使企业的工作计划和财务预算产生混乱。如果在快递企业业务总量中占很大比例的重要客户突然离开企业，企业将无法测算当年的收入及人员安排、设备配备。

快递客户流失所产生的更重大的代价是影响快递企业的声誉，长期居高不下的客户流失率势必会大大影响快递企业在市场上的声誉，这种影响使企业很难通过其他营销方法或广告再次赢回声誉。

3. 客户流失分析的意义

通过有效的客户流失分析，总结出客户流失的原因，归纳客户流失的类型，有利于增加客户对快递企业的品牌认同，同时也能为快递企业再次赢回客户。赢回的客户已经对企业的产品和服务非常熟悉，快递客服人员对这些老客户的个性化需求非常了解，因而可以向其提供更有针对性的服务。

## 二、快递客户流失的原因

对于快递客户流失，一般而言可以从快递企业和客户两个方面寻找原因。

1. 快递企业方面原因

(1)服务质量不好

服务质量不好是导致快递客户流失的最重要的原因。服务是快递客户购买产品时最主要的附加值，如果快递客户在购买的过程中，客服人员在某一环节的服务不到位，如收派员的态度蛮横无礼，呼叫中心座席员的工作效率低下，企业管理人员处理问题拖拉，都会让客户情感受到伤害，使其对快递企业产生不信任感，直接导致客户流失。

据调查统计，客户回头率90%以上取决于客服人员是否有礼貌，而不是价格、产品等；服务不好会造成94%的客户离去，没有解决客户的问题会造成89%的客户离去；每个不满意的客户会向5～7个亲友叙述不愉快的经历；通过较好地处理客户的投诉可挽回75%的客户。如果企业尽最大的努力处理客户投诉，将有95%的客户继续接受服务。

(2)企业内部客户流失

快递企业内部客户(企业员工)的流动导致外部客户流失，是现今快递客户流失的重要原因之一，特别是高级营销管理人员的离职变动，很容易带来相应客户群的流失。客户与企业之间的关系往往成为了客户与营销人员的关系，企业自身对客户的影响相对乏力，营销人员是每个快递企业最大且最不稳定的“流动大军”，如果控制不当，在他们流失的同时，往往会伴随着客户的大量流失。这种内部客户和外部客户的双流失的现象在快递企业里比比皆是。

(3)企业创新不足

任何快递产品都有自己的生命周期，当今世界，随着经济发展、社会进步、市场竞争，客户对快递产品的品质要求不断提高，客户选择的范围不断扩大，视野也很开阔。如果企业固步自封，不能跟随市场推陈出新，进行产品的升级换代，客户在企业产品范围内找不到适合自己的产品，很容易寻求其他快递企业来替代。

(4)市场监控不力

快递企业对市场没有控制好，快递产品价格混乱，营销方式不够规范，这些都将严重打击客户信心，导致客户流失。

(5)竞争对手抢夺

快递客户毕竟是有限的，特别是优秀的快递客户更是弥足珍稀的，20%的优质客户能够给一个企业带来80%的销售业绩，这是个恒定的法则。所以，优秀的客户往往会成为各大快递企业争夺的对象。

(6)企业与客户沟通不畅

有些快递企业在管理上不规范，长期与客户缺乏沟通联系。快递企业的市场营销和管理不到位，不能够与客户做更多的沟通，甚至连客户工作变动等重大信息都不清楚。在这种情况下，客户就很容易产生流失。

2. 客户方面原因

(1)客户遭遇了新的诱惑

在激烈竞争的快递市场中，各快递企业都使用了浑身解数，为客户的个性化需求提供了差异化的快递服务。为了能在市场上获得竞争优势，快递企业的竞争对手们往往不惜一切代价以优厚的条件打动客户，吸引那些资源丰富的客户。客户的选择是自由的，当有其他企业提供了更大的客户让渡价值时，客户可能会因此改变选择而投向竞争对手。

(2)大众客户受到了轻视

大多数快递营销人员都知道 20/80 法则，很多快递企业都设立了大客户管理中心，对大众客户则采取不闻不问的态度。广告促销政策也都向大客户倾斜，使得很多大众客户产生了心理不平衡而缺乏忠诚甚至离去。其实不要小看大众客户 20%的销售量，比如一个年销售额为 10 亿元的快递企业，其大众客户产生的销售额也可能有两个多亿，且从大众客户身上所赚取的纯利润率往往比大客户高。而且由于快递大众客户的分布广，口碑效果非常明显。大众客户受到了轻视后，往往会重新选择那些能给予他们充分重视的企业，而这种重视有时就是客服人员的一句温馨的问候。

(3)客户的不合理要求没有得到满足

少数快递客户自恃购买力强，为获得快递企业更多的优惠，以主动流失来进行要挟。当企业不能满足他们的要求时，客户选择真正流失。

(4)客户内在需求的转变

由于客户自身的客观条件改变，如消费观念改变、生活方式改变或者工作调动等方面的原因造成了自身需求的变化，从而选择了其他能满足其新需求的快递企业的产品及服务。

在客户流失的过程中，快递企业要密切关注流失客户的数量和类型，以此掌握企业的营销情况，并且尽量了解客户流失的真正原因，以便有针对性地调整相关的策略措施，改善服务中存在的不足。

如果在流失的客户中，优质客户的数量有上升趋势，要引起企业的高度重视，深入了解并分析原因。快递企业要善于听取客户的意见，通过设立客户反馈机制等各种方法来听取客户的心声，获取对企业发展有价值的信息。

## 三、快递客户流失的类型

快递客户流失类型可以根据不同的方法分类，最实用的分类方法是按照客户流失的原因分类。

1. 无意的客户流失

无意的客户流失是指客户非计划终止原来使用的服务或产品。无意的客户流失包括财务状况变化导致的客户流失、地点变化导致的客户流失。

财务状况变化导致的客户流失是指客户失业、破产、大笔钱款用尽或其他种类的财务灾难。显然，在这种状况下，客户将被迫放弃服务。

地点变化导致的客户流失是指客户因为地点变化，在新的工作环境及生活环境中没有使用原快递企业的服务。

2. 蓄意的客户流失

多数情况下，无意的客户流失是任何行业中都会存在的一个自然客户流失现象。而蓄意的客户流失发生的原因主要有价格、服务质量以及社会心理等方面的因素。

因价格原因造成的客户流失是一种较为常见的客户流失类型。不少快递客户更换快递企业的重要原因就是价格。由于客户对价格极其敏感，所以快递企业必须对来自竞争者的价格压力予以回应，可以采用比较灵活的促销活动，向客户暗示他们会得到的利益，避免针锋相对的价格竞争。

服务质量不好是造成客户流失的另一重要原因。快递客户服务人员态度不太友好、对企业的业务不精、对抱怨和投诉不理不睬等情况都可以导致客户流失。服务质量不好还可能是因为快递服务人员缺少客户的资料；缺少关于促销、活动和服务问题方面的资料；缺少培训以及在总体上让他们熟悉快递业务的时间。

除了价格和服务质量造成客户流失外，还有一些其他因素对客户流失的形成有一定影响，如社会心理因素。例如，人们经常因为受朋友和家人的影响而改变使用某家快递企业产品的决定。

## 四、预防客户流失举措

1. 建立良好的客户关系

客户包括内部客户和外部客户，企业要致力于提高其忠诚度，建立完善的客户关系管理体系，增强企业与客户的沟通和联系，减少内部、外部客户流失。

感情是维系客户关系的重要方式。快递企业可通过日常拜访、节日问候、有针对性的专访等方式加强与客户的沟通，多了解客户的意见和需求，及时发现问题并立即采取措施处理，及时调整企业的经营策略，保证流通渠道的有序运作，有效降低经营风险，留住客户。

2. 加强服务质量管理

树立"客户至上"服务意识，为客户提供优质服务。提高服务质量是维护快递客户忠诚的最佳保证，是保持增长和盈利的有效途径，也是对付竞争者的有力武器。在快递服务质量上下大功夫，保证快递产品的安全性、便捷性、准确性，从而真正吸引客户、留住客户。在处理客户的投诉等问题上，要正面应对，不要推诿，要积极解决问题，并勇于承担自身责任。在服务过程中，要摆正态度，正确处理与客户的冲突，耐心、诚信、专业地化解矛盾，最大限度地留住客户，保持客户满意度。

3. 塑造良好的企业形象

良好的企业形象可以增加客户对快递企业所提供的产品和服务的信赖度，有助于增强客户对快递企业的忠诚度和自信心，能让快递企业在行业中处于领先地位。快递企业形象的塑造主要包含以下几个方面。

(1)内部客户形象塑造

快递企业内部客户(员工)是塑造和传播企业形象最活跃的决定性因素。内部客户是企业中基层的实践者，企业的产品质量、服务质量、工作水平的状况最终取决于内部客户的素质、责任心和敬业精神。内部客户是企业形象的代表者和展示者，他们的一言一行、一举一动随时都在传播企业的有关信息。

领导形象塑造也是内部客户形象塑造的内容之一，领导形象既包括领导外在形象，如领导者的仪表、气质、工作方法和作风、交际方式等，又包括领导者的内在素质形象，如理论水平、决策能力、创新精神、道德水平、信念和意志力等。

(2)快递产品形象塑造

快递产品是企业的直接象征，是企业形象最重要的缩影或代表。快递产品的形象是最直观、最具体的形象，是公众认识企业形象的第一个接触点。塑造产品形象的目标是塑造一个内在质量和外观质量相一致的、使消费者满意、称心的产品形象。快递产品的设计重在体现其实用性、便捷性及准确性。

塑造快递产品形象时要注重品牌塑造。品牌是市场竞争的产物，是企业管理水平、产品质量、企业文化及营销方略等综合素质的全面体现，也是企业具有旺盛生命力的标志。品牌价值是产品质量、消费者心理感受及各种社会因素，如价值观、文化传统等的综合反映。

要做好快递产品的创新。快递企业的产品一旦不能根据市场变化及时作出调整与创新，就会落后于市场。只有走在市场前面来引导客户，适应市场的发展，才能取得成功。

(3)竞争形象塑造

在现代市场经济条件下，竞争构成了经济运动的大潮，任何一个企业都无法摆脱竞争环境，竞争环境就是企业的生存环境。因此，以一种良好的竞争形象展现在其他社会组织及公众面前，是塑造快递企业形象的一个重要内容。塑造竞争形象应注意遵循竞争规则，注意相互协作、相互理解、平等竞争。在塑造竞争形象时要把握竞争中的摩擦，正确处理竞争矛盾，寻找合作机会。

(4)信誉形象塑造

企业信誉是在长期的业务往来和商品交换中形成的消费者或客户对商品生产者和经营者的一种崇高的信任感。作为一种重要的企业无形资产，企业信誉(也称商誉)是企业在其有形资产上能获取高于正常投资报酬能力的一种价值。从公众或消费者的角度看，企业信誉是能给他们以某种信任、荣誉、感情、性格、爱好等方面的满足，满足他们情感渴求和心灵认同的无形价值。塑造信誉形象要注意：在经营活动中重合同、守信用，勇于承担社会责任，努力为公众办实事。

(5)环境形象塑造

企业环境是他们认识和识别该企业形象的窗口。优美、整洁、高雅的环境，能给外部公众留下一个企业管理水平高、企业有内在活力和蓬勃生机、企业成员精神风貌好的良好印象。一个脏乱不堪、秩序紊乱的企业是没有能力做出好的工作业绩，生产出高质量的产品和提供优质服务的。因为在脏乱差环境中工作的人们是不会有很强的责任心的。因此，环境形象塑造要在优美高雅、整洁有序、个性鲜明等方面下工夫。

## 第五节　快递客户维护的技巧

卡特·罗吉斯说过："如果我能够知道他表达了什么，如果我能知道他表达的动机是什么，如果我能知道他表达了以后的感受如何，那么我就能信心十足地确定，我已经充分了解他，并能够有足够的力量影响并改变他。"

### 一、与客户的有效沟通技巧

1. 沟通的分类

沟通是指各方围绕某一目标，为达成共识而进行的有效信息交流活动。实质上，沟通是一种信息交换的活动。在快递服务中，沟通应该以客户为主体。在某种意义上，对客服人员来说，沟通已经不再是一种职业技能，而是一种生存方式。

依据不同的划分标准，可以把沟通分为不同的类型。

(1)根据信息载体的不同，沟通可分为语言沟通和非语言沟通。语言沟通建立在语言文字的基础上，又可分为口头沟通和书面沟通两种形式。人们之间最常见的交流方式是交谈，也就是口头沟通。书面沟通包括信件、备忘录、组织内发行的期刊、布告栏及其他任何与书面文字或符号有关的沟通手段。

非语言沟通是指通过某些媒介而不是通过讲话或书面文字来传递信息，如快递收派员的精神面貌、与快递客户交流时的眼神和表情等都属于此类。非语言沟通内涵十分丰富，包括身体语言、语调、对物体的操纵等多种形式。语言学家艾伯特·梅瑞宾的研究表明，对于人与人之间的沟通，高达93%是通过非语言沟通进行的，只有7%是通过语言沟通。而在非语言沟通中，有55%是通过面部表情、形体姿态和手势等肢体语言进行的，只有38%是通过音调的高低进行的。

(2)按信息传递途径的不同，可以把沟通分为正式沟通和非正式沟通。正式沟通是指在一定的组织系统中通过明文规定的渠道，进行信息的传递与交流。例如，上级向下级下达指示、发送通知，下级向上级呈送材料、汇报工作以及定期的会议制度等。由于正式沟通受组织的监督，发出信息的人谨慎从事，接收者严肃认真，所以沟通的信息真实、准确，但是沟通速度较慢。因为这种沟通往往须逐级进行，有可能延误时间。

非正式沟通是指在正式组织系统以外进行的信息传递与交流，如人们私下交换意见，议论某人某事，传播小道消息，都属非正式沟通。其优点是沟通不受组织系统的监督和限制，可自行选择沟通渠道，所以沟通灵活方便、速度快，可以提供正式沟通难以获得的某些消息，人们的真实思想和意见也往往能在非正式沟通中表露出来；其缺点是信息的可靠性稍差。

当今，客户沟通方式正朝着电子化的方向发展，并且这种趋势发展得非常迅速。这种通过计算机向客户或世界上任何一个地方极其快速地传送文件材料的方式，不仅改变了传统的沟通方式，而且改变了工作环境本身。

2.沟通的目的

沟通旨在更真实地了解客户的信息和客户的真实想法；进一步了解客户目前面临的问题；进一步了解客户需求；排除实力较弱的竞争者；相对于较强的竞争者，取得竞争优势。

3.服务沟通的基本功

沟通实际上就是客户服务人员与客户和谐关系的开始。快递客服人员服务沟通基本功包括以下几个方面：记住客户姓名，观察客户言行，倾听客户声音，注意谈话技巧，发自内心的微笑以及做好后续服务等。

尝试熟记客户姓名是建立和谐关系最强有力的方式。当客户第二次打交道时，客户服务人员能在打招呼的同时唤出客户的姓名，这会让客户有种备受关怀重视的感觉，无形中拉近与客户之间的关系。

学会从客户的言行举止中寻找谈话的切入点，以拉近与客户的关系。

要做一位出色的听众。一个好的听众才是一个懂得说话的人，只有完全了解听懂了客户需要后，提供的服务才会被视为无价之宝。

微笑待人。微笑是世界上通用的语言，用笑容与人接近，即使对方情绪不稳定，也会因为你的笑容而有所缓和，所谓“伸手不打笑脸人”就是这个道理。真挚的微笑是人与人之间的沟通桥梁，强颜欢笑则会让客人讨厌，所以微笑必须是真诚的、发自内心的。

做好客户的后续跟踪服务是快递客服人员不可忽视的工作。由于市场竞争日趋激烈，客服人员应变被动为主动，在积极开发新客户的同时，努力做好现有客户的巩固工作。

客服人员应尽量去了解客户的心理，并且试着去迎合客户的兴趣来展开舒适而愉快的谈话。谈话要把握好以下几个原则：主动打开话题；不要争论；少说多听；做个好听众；谈话不单调；不谈自己私事；宁可谈理想，不要谈论人；不背后论人长短；尽量避免敏感话题；介绍快递产品和快递服务时，应用简单易懂的言辞，不要太专业化。

## 二、电话沟通技巧

1. 电话沟通的流程与要求

快递客服人员在给快递客户打电话或者接电话时，应遵循以下服务流程(图4-3)。

图4-3 电话沟通流程示意图

在向快递客户问候的时候，鉴于电话沟通缺乏身体语言，难以准确地表达复杂的思想和信息，客服人员要做到亲切、热情、自然，身体要坐端正，以避免声音受压抑，说话要清晰，语调平和亲切，开场白要消除客户的顾虑，自我介绍要简洁明了，自己企业的名字应说得清晰而且缓慢，便于突出强调。在询问了客户之后，要迅速记下了解到的内容和捕捉到的信息，确定问题的实质和客户的真实想法。要认真倾听客户的倾诉，并在思考后迅速作出回应，表示出对客户的处境和心情的理解。

2. 电话沟通前的准备

列出需要电话沟通的目标客户清单，并根据不同客户合理安排打电话的时间表，将最重要的沟通电话安排在最合理的时段。

先熟悉客户的基本信息，如姓名、性别、年龄、职业、行业等。

准备好开场白并设计好自己要跟对方电话沟通的内容。

调整自己的心情，积极热情地准备，并做好被拒绝的心理准备和语言准备。

将与客户沟通的内容要点以书面形式置于眼前，并准备好纸和笔，便于实时记录谈话时的一些要点。将尽可能多的客户资料、同事信息、竞争对手信息以及业务宣传资料放在手边备用。

3. 电话沟通技巧

良好的电话沟通技巧有助于人与人之间建立更稳固的关系。无论是接听电话，还是拨打电话，下面介绍的这些技巧都非常适用。

(1)礼貌用语、热情问候。不管是接听电话，还是呼出电话，都要做到礼貌用语、热情问候。从电话沟通开始到结束，都要让对方感觉到你对他的关心。当然，不必表现得过分热情和兴奋，关键是要有一个积极的态度。

(2)微笑并保持语言平和。即使是通过电话沟通，也应让对方感觉到你的微笑。譬如，可以在办公桌上放一面镜子，提醒自己要对客户微笑。在打电话时，要注意自己的语气，恰当的语气能够创造良好的气氛。不要出现生硬的问候语或回答语，如“我是某某公司收派员”“是我，你有什么事”等。

(3)完美结束沟通，后于客户挂机，并礼貌道谢。通话快要结束时，要再次重复电话中的重要内容，确保客户同意将要采用的方案，感谢与客户的沟通，询问客户是否还有其他需要，一定要先等客户挂机后方可挂机。不管电话沟通的内容顺畅与否，都要表示感谢。结束电话沟通后，立即记下有关的重要信息以免忘记。

(4)与客户交谈时，要避免使用一些公司或者技术方面的专业词汇。过于专业的词汇会给客户理解造成困难，而且还会让客户感到很不舒服。这往往会使他们觉得自己无话可说或者感到很有挫败感，并且变得很不耐烦。如某快递公司推出一项快递新业务 2D1200，表示在前一天寄递的物品将会在第二天上午送达到客户的手中，作为客户服务人员，应当开门见山地把业务解释清楚。

(5)掌握电话中的等待问题。客服服务人员如果手头事情确实太忙，非要让客户等待不可，那么一定要告诉客户需要等待的时间。如果承诺了在一定时间内给客户打电话，那么就一定要遵守承诺。

(6)电话转接——只有一次！如果你将电话转接给其他人，一定要确保此人有时间接听电话。千万不要把电话反复转接，更不能随意把问题推给领导，如对客户说："我们公司就是这样规定的，要不你找我们领导"。这些都是电话沟通中所忌讳的。

(7)应对异议，换位思考，诚信从容。电话沟通中，客户常常表现不同的异议形式，针对这些异议，快递客服人员要换位思考，一切为客户着想，诚信从容应对，务必不能生气。如果客户在抱怨或者正在生气，就让他们发泄。很多情况下，客户并不是冲你发火。问清楚客户生气的原因，表示出你的关心，避免客户情绪恶化。你可以让他们重复描述事情的经过，表示你的理解。做一个好的倾听者是非常有必要的。

(8)在与竞争对手的情况进行比较时，应做到客观公正。评价对手不仅要客观公正，不诋毁对手，语气平和，不带主观色彩，更要做到扬长避短，突出企业产品或服务的优势。

(9)要做好电话沟通后的后续工作。电话沟通后，要整理好记录的表格，按照沟通确定的具体事项进行实施，总结电话沟通中的经验教训。

## 三、客户抱怨与投诉的处理技巧

随着网上购物、电视购物等新型消费方式的兴起，加上经济的快速发展所带来的商务信函的日渐增多，快递服务已经逐渐成为人们工作和生活不可或缺的服务。然而，由于各种客观原因，快递投诉问题是比较多的。如果快递客户能将对服务的不满通过抱怨或投诉的方式表达出来，使快递企业能够从中发现自己的不足，进行积极的弥补和改进，能达到规范企业管理的效果。如果快递客户的抱怨和投诉得不到应有的重视和及时解决，越积越多，那么将会对快递企业及客服人员造成很大的损失。快递企业应正视已经发生的抱怨和投诉，做好相应安抚工作。

### 1. 识别客户抱怨与投诉的心理动机与需求

(1)发泄的心理

这类客户在接受快递服务时，由于受到挫折，为了使忧郁或不快的心情得到释放和缓解，他们通常会带着怒气投诉或抱怨，以维持心理上的平衡。因此，快递客服人员要尽量制造愉悦的氛围，耐心倾听客户的不满，切忌打断客户，使其情绪宣泄中断而郁积怨气，要及时引导客户摆脱低落的情绪。

(2)尊重的心理

对于某些情感比较丰富的客户，由于在使用快递服务产品过程中遇到挫折而产生不快，投诉时总希望自己的投诉是正确的，最希望得到的是同情、尊重和重视，并向其表示道歉和立即采取相应的措施等。因此，对待抱有尊重心理的投诉客户，只要客户服务人员耐心多一点，态度好一点，诚意强一点，行动快一些，是比较容易处理的。如果漠然处之，极易引起客户的不满和反感。

(3)补救的心理

客户投诉的目的在于补救，补救包括财产上的补救和精神上的补救。当客户的权益受到损害时，他们希望能够及时地得到补救。例如，快递客户反响最强烈的快件寄丢或者快件没有及时送到的问题，如寄递的食品在路上耽搁近一个月，以致食品到达客户手中后已经过期，给客户造成了财产上的损失，加上快递企业客户服务人员互踢“皮球”的现象，又给客户造成了精神上的损失。因此，客户投诉时，需要在这两方面同时得到补救。

2. 处理抱怨和投诉的准则

快递客户服务人员在提供快递服务时，不仅要开发客户，更要留住客户。无论处理什么样的客户抱怨和投诉，都必须以客户的思维模式寻求解决问题的方法。处理抱怨和投诉的准则包括以下几方面。

(1)正确的服务理念

快递企业要强化全体员工的素质和业务能力，树立全心全意为客户服务的思想。“客户永远是正确的”，面对愤怒的客户一定要注意克制自己，避免感情用事，始终牢记自己代表的是企业的整体形象。

(2)有章可循

要有专门的制度和人员来管理客户投诉问题，使各种情况的处理有章可循，保持服务的统一、规范。另外，要做好各种预防工作，使客户投诉防患于未然。

(3)及时处理

处理抱怨时切记不要拖延时间，推卸责任，各部门应通力合作，迅速作出反应，向客户说明事件的原由，并力争在最短时间里全面解决问题，给客户一个圆满的结果。否则，拖延或推卸责任，会进一步激怒投诉者，使事情进一步复杂化。

(4)留档分析

对每一起客户投诉及其处理，要进行详细的记录，包括投诉内容、处理过程、处理结果及客户满意程度等。通过记录，吸取教训，总结经验，为以后更好地处理客户投诉提供参考。

3. 处理客户抱怨和投诉的步骤与技巧

快递服务中，处理客户抱怨和投诉是客服人员的一项重要工作，如何平息客户的不满，使被激怒的客户“转怒为喜”，是快递业获得客户忠诚的重要手段。下面介绍一个令客户心情晴朗(CLEAR)的客户抱怨和投诉处理方法，其应对原则及步骤如下。

①C——控制情绪(Control)；

②L——倾听客户诉说(Listen)；

③E——建立与客户共鸣的局面(Establish)；

④A——对客户的情形表示歉意(Apologize)；

⑤R——提出应急和预见性的方案(Resolve)。

下面将对这些原则及步骤进行详细介绍。

1)控制你的情绪(C)

(1)目的

当客户发怒时，客服人员要处理的第一个因素是控制自己的情绪。当客户进行投诉时，往往心情不好，失去理智，客户的语言或行为往往会让客户人员感受到攻击、不耐烦，从而被惹火或感到难过，容易产生冲动，丧失理性，“以暴制暴”，这样就使得事态发展更加复杂。

（2）原则

可以不同意客户的投诉内容，但不可以不同意客户的投诉方式。客户投诉是因为他们的需求没有被满足，所以客服人员应该充分理解客户的投诉和表现出的失望、愤怒、沮丧、痛苦或其他过激情绪，不要表现出与他们同样的情绪或是责怪任何人。

（3）有效技巧

下边是一些面对客户投诉、帮助平复情绪的小技巧。

①深呼吸，平复情绪。要注意呼气时，千万不要大声叹气，避免给客户不耐烦的感觉。

②思考问题的严重程度，迅速作出判断。

③要记住，客户不是对你个人有意见，即使看上去如此。

④以退为进。如果有可能的话给自己争取点时间，如“我需要调查一下，10 分钟内给您回电”“我需要两三分钟的时间同我的主管商量一起解决这个问题，您是愿意稍等一会儿呢，还是希望我一会儿给您打回去?”

2）倾听客户诉说（L）

员工的情绪平复下来后，需要客户也镇定下来，才能解决好问题。抚平客户的情绪是顺利解决问题的关键。

（1）目的

有效管理客户情绪，首先要明确客户投诉和不良情绪产生的原因。静下心来积极、细心地聆听客户愤怒的言辞，做一个好的听众，有助于达到以下效果。

①从字里行间把握客户投诉问题的实质和客户的真实意图。快递客户的不满与投诉的类型五花八门，在处理时需要抽丝拨茧，分析客户投诉问题的实质和客户的真实意图。

②了解客户想表达的感觉与情绪。细心聆听的态度可以给客户的抱怨一个宣泄的机会，辅以语言上的缓冲，为发生的事情道歉，声明你想要提供帮助，进行细心地聆听，表示出与客户合作的态度。这既可以让客户将愤怒一吐为快，使愤怒的程度有所减轻，也为自己后面提出解决方案做好准备。

（2）原则

倾听客户诉说的不仅是事实，还有隐藏在事实之后的情绪，要遵循的原则应该是为了理解而倾听，并非是为了回答而倾听。

（3）有效技巧

在客户恼火时，有效、积极的倾听是很有必要的。

①全方位倾听。要充分调动左右脑，用直觉和感觉来听，比较你所听到、感到和想到的内容的一致性。用心体会、揣摩，听懂弦外之音。

②不要打断。要让客户把心里想说的话都说出来，这是最起码的态度。中途打断客户的陈述，可能遭遇客户的反感。

③向客户传递被重视的信息。

④对于投诉内容，如觉得不清楚，要请客户进一步说明，但措辞要委婉。

3）建立与客户共鸣的局面（E）

共鸣被定义为站在他人立场、理解他们的参照系的能力。共鸣与同情不同，同情意味着被卷入他人的情绪，并丧失了客观的立场。

(1)目的

对客户的遭遇深表理解，是化解怨气的有力武器。当客户投诉时，他最希望自己的意见受到对方的尊重，自己能被别人理解。建立与客户的共鸣就是要促使双方交换表达。在投诉处理中，一句体贴、温暖的话语往往能起到化干戈为玉帛的作用。

(2)原则

与客户共鸣的原则是换位思考，真诚地理解客户，而非同情。只有站在客户的角度，想客户之所想，急客户之所急，才能与客户形成共鸣。

(3)有效技巧

实现客户共鸣的技巧有：

①复述内容。用自己的话重述客户难过的原因，描述并稍微夸大客户的感受。

②对感受作出回应。把你从客户那里感受到的情绪说出来。

③模拟客户的境地，换位思考。想象一下，如果我们是客户，遇到类似情况时，我们会作出什么样的反应。

④避免套话和敷衍。不要只是说“我能够理解”，这会引来客户的反感——“你才不能理解呢，又不是你丢了快件”。使用“我能够理解”时，务必在后面加上你理解的内容（客户难过的原因）和你听到的客户的感受（他们表达的情绪）。关于共鸣表达的最大挑战之一是使他们听起来很真诚，必须设身处地地为客户着想，在与客户沟通时，表现出对客户观点的理解。

4)对客户的情形表示歉意(A)

(1)目的

聆听了客户的投诉，理解了客户投诉的原因和感受之后，就有必要对客户的情形表示歉意，从而使双方情绪得以控制。

(2)原则

①不推卸责任。当问题发生时，很容易逃避责任，把错误推到别人身上。即便你知道是你同事的错，也不要责备他（她），这样做只会使客户对公司整体留下不好的印象，从而也会对你留下坏印象。

②道歉总是对的（即使客户是错的）。当不是自己的过错时，人们不愿意道歉。为使客户的情绪更加平静，即使客户是错的，也要道歉。一定要为客户情绪上受的伤害表示歉意。第一，客户总是对的。第二，如果客户不对，请参看第一条。

③道歉要有诚意。一定要发自内心地向客户表示歉意，不能口是心非、皮笑肉不笑，否则就会让客户觉得你是心不在焉地敷衍。当然，也不能一味地使用道歉的字眼儿来搪塞，必须有实质性的内容。

④不要说“但是”。道歉时，最大的诱惑之一就是说“我很抱歉，但是……”这个“但是”否定了前面说过的话，使道歉的效果大打折扣。差错的原因通常与内部管理有关，客户并不想知晓。当快递客服人员说：“对于你快件的丢失，我很抱歉，但是我们太忙了”，客户刚刚平复的情绪恐怕一下子又被激怒了。

(3)有效技巧

①为情形道歉。要为情形道歉，而不是去责备谁。即使是在问题的归属上还不是很明确、需要进一步认定责任承担者时，也要首先向客户表示歉意。但要注意，不要让客户误以为公司/卖场已完全承认是自己的错误，我们只是为情形而道歉。例如，可以用这样的语言：

“让您不方便，对不起。”

"给您添了麻烦，非常抱歉。"

这样既有助于平息客户的愤怒，又没有承担可导致客户误解的具体责任。

②肯定式道歉。客户出了差错时，千万不要责备客户。即使是在客户做错时，他们也是正确的，他们也许不对，但他们仍是客户。

5)提出应急和预见性的方案(R)

在积极地倾听、共鸣和向客户道歉之后，双方的情绪得到了控制，此时应该把工作的重点从互动转到解决问题上去。平息客户的不满与投诉，问题不在于谁对谁错，而在于争端各方如何沟通处理，如何更好地解决客户的问题。

(1)目的

①解决客户投诉；

②为客户服务提供改善建议。

(2)原则

对于客户投诉，要迅速作出应对，要针对这个问题提出应急方案。同时，提出杜绝类似事件发生或对类似事件进行处理的预见性方案，而不仅仅是修复手头的问题就万事大吉了。

(3)有效技巧

①迅速处理，向客户承诺。应迅速就目前的具体问题，向客户说明各种可能的解决办法，或者询问他们希望怎么办，充分听取客户对问题解决的意见，对具体方案进行协商。然后确认方案，总结将要采取的各种行动——你的行动与他们的行动，进行解决。要重复客户关切的问题，确认客户已经理解，并向客户承诺不会再有类似事件的发生。

②深刻检讨，改善提高。在检查客户投诉的过程中，负责投诉处理的员工要记录好投诉过程的每一个细节，把客户投诉的意见、处理过程与处理方法在处理记录表上进行记录，深入分析客户的想法，这样客户也会有慎重的态度。而每一次的客户投诉记录，都应存档，以便日后查询，并定期检讨产生投诉意见的原因，从而加以修改。

要充分调查此类事件发生的原因，仔细思考，为了防止此类事件的再度发生，是否需要进行变革，对服务程序或步骤要做哪些必要的转变，以提出预见性的解决方案(即改善服务质量的方法)，以降低或避免将来发生类似的投诉。提出预见性解决方案也是对客户的一个最好承诺。

③落实。对所有客户的投诉意见及其产生的原因、处理结果、处理后客户的满意程度以及快递企业今后改进的方法，均应及时用各种固定的方式，如例会、动员会、早班会或企业内部刊物等，告知所有员工，使全体员工迅速了解造成客户投诉的前因后果，并充分了解处理投诉事件时应避免的不良影响，防止类似事件再次发生。

④反馈投诉的价值。客户进行投诉是希望能跟你继续做生意，客户对快递服务不满信息的反馈无疑也给企业提供了一次认识自身服务缺陷和改善服务质量的机会。于情于理，都要真诚地对客户表示感谢。所以，可以写一封感谢信感谢客户所反映的问题，并就企业为防止类似事件的再次发生所作出的努力和改进的办法向客户说明，真诚地欢迎客户再次光临。

为表示慎重的态度，常以企业总经理或部门负责人的名义寄出，并加盖企业公章。当客户是通过消费者保护机构提出投诉时，就更需要谨慎处理了。原因在于零售企业回函的内容很可能成为这类机构处理中的一个案例，或成为新闻机构获取消息的来源。

总之，客服人员在处理各种客户投诉时，要掌握两大原则：一是客户至上，永远把客户的利益放在第一位；二是迅速补救，把客户的每次抱怨看作快递企业发现弱点、改善管理的机会。只有这样，才能重新获得客户的信赖，提高快递企业的业绩。

4. 安抚客户的常用语

安抚客户是为了平息客户怨气，帮助客户解决问题。下面是常见的一些安抚客户的用语：

"我们非常理解……"

"如果我是您，也一定会这样认为。"

"确实是由于我们在工作中出现了疏忽，给您带来了这么多麻烦，非常抱歉。"

"如果您能告诉我们您的具体要求，我们会认真考虑的。"

"非常抱歉，您的问题我们一定会尽最大努力帮助您解决。"

"相信您和我一样希望问题得到妥善解决。"

"您能告诉我，您希望我怎样帮您呢？也许我可以给您更好的建议。"

## 四、倾听的技巧

戴尔·卡耐基说过，在生意场上，做一名好听众远比自己夸夸其谈有用得多。如果对客户的话感兴趣，并且有急切想听下去的愿望，订单通常会不请自到。

倾听，是最好的服务方法之一。对推销而言，善听比善辩更重要。客户服务人员通过"听"，能够获得客户更多的认同，从而赢得客户的信赖。

有效倾听是客服人员了解客户需求的基本手段之一。需求是指客户想要或期待对方提供的服务。很多时候，需求不是直接传递给客服人员的，而是通过一系列的推测、间接评论或非语言信号才得知的。一个优秀的倾听者会洞察一切暗示，并由此提出问题来挖掘客户更深层次的需求。

1. 高效与低效倾听者的特征

一个人是高效的倾听者，还是低效的倾听者，可以通过很多因素反映出来。多年来研究学者分析了高效和低效倾听者各自不同的特征（表 4-2）。

**高效倾听者与低效倾听者的特征** 表 4-2

| 高效倾听者 | 低效倾听者 | 高效倾听者 | 低效倾听者 |
|---|---|---|---|
| 专注 | 注意力分散 | 理性 | 感性 |
| 及时反馈 | 漠不关心 | 表现出极大的兴趣 | 以自我为中心 |
| 警惕 | 受到外界干扰 | 耐心 | 主观臆断 |
| 理解 | 不关注 | 谨慎 | 无计划性 |
| 关注 | 迟钝 | 宽容 | 自我保护 |
| 感同身受 | 自满 | | |

2. 倾听的技巧

(1)集中精力，专心倾听

这是有效倾听的基础，也是实现良好沟通的关键。要想做到这一点，快递客户人员应该在与客户沟通之前做好多方面的准备，如身体准备、心理准备、态度准备以及情绪准备等。疲惫的身体、无精打采的神态以及消极的情绪等都可能使倾听归于失败。

不要随意打断客户谈话，否则会打击客户说话的热情和积极性。如果客户当时的情绪不佳，而你又打断了他们的谈话，无疑是火上浇油。所以，当客户的谈话热情高涨时，快递客服人员可以给予必要的、简单的回应，如"噢"、"对"、"是吗"、"好的"等。除此之外，客服人员最好不要随意插话或接话，更不要不顾客户喜好另起话题。例如，"等一下，我们公司的快递服务绝对比你提到的那家公司好的多……”,“您说的这个问题我以前也遇到过,只不过我当时……”。

(2)确保理解谈话意思

要确保你已经准确理解谈话的内容。当遇到不明白的问题时,一定要提出来。不时对对方的谈话给予一些总结性反馈,以确保双方对所谈论的话题有一致的见解。对于一些不愿听到的东西,主观上不要进行有意忽视。

客户在谈话过程中会透露出一定的信息,这些信息有些是无关紧要的,而有些则对整个沟通过程起着至关重要的作用。对于这些重要信息,客服人员应该在倾听的过程中进行准确核实。一方面,可以确保了解谈话意思,避免遗漏或误解客户意见,及时有效地找到解决问题的最佳办法;另一方面,客户也会因为找到了热心的听众而增加谈话的兴趣。

(3)引导和鼓励客户开口说话

认真、有效的倾听的确可以为客服人员提供许多成功的机会,但这一切都必须建立在客户愿意表达和倾诉的基础之上。为此,客服人员必须学会引导和鼓励客户谈话。引导和鼓励客户谈话的方式有很多,譬如巧妙提问法。由于种种原因,有些客户常常不愿意主动透露相关信息,这时如果仅仅依靠客服人员一个人唱独角戏,那么这场沟通就会显得非常冷清和单调,而且这种缺少互动的沟通通常都会归于无效。为了避免冷场并使整个沟通实现良好的互动,客服人员可以通过适当的提问来引导客户敞开心扉,如可以通过开放式提问的方式使客户更畅快地表达内心的需求,比如用“为什么……”“什么……”“怎么样……”“如何……”等疑问句来发问。有时,借用其他沟通手段的配合也可以使客户受到鼓励,如体贴的微笑、热情的眼神或适当的表情等。

(4)了解倾听的礼仪

在倾听过程中,快递客服人员要尽可能地保持一定的礼仪,这样既显得有涵养、有素质,又表达了客户的尊重。通常在倾听过程中需要讲究的礼仪如下:

①保持视线接触,不东张西望;

②身体前倾,表情自然;

③耐心聆听客户把话讲完;

④真正做到全神贯注;

⑤不要只做样子、心思分散;

⑥表示对客户意见感兴趣;

⑦重点问题用笔记录下来;

⑧插话时,请求客户允许,使用礼貌用语。

(5)及时总结和归纳客户观点

及时归纳和总结,一方面可以向客户传达你一直在认真倾听的信息,另一方面也有助于保证客户的意见没有被误解或歪曲,从而更加有效地找到解决问题的方法。例如:

“您的意思是……”

“如果我没理解错的话,您是说……对吗?”

3. 倾听的注意事项

尽可能地让客户多说话,他们说得越多,透露的信息就越多,而且在说的过程当中,他们会逐渐坚定购买决心。

(1)要真诚地聆听客户的谈话,不要假装感兴趣。

(2)不要用沉默代替倾听。

(3)在合适的时候对客户的话作出回应,否则客户会认为你无心倾听,从而造成销售的失败。

(4)即使客户谈论的话题非常不合你意,也不要显示出排斥心理。有可能的话,引导客户换一个话题。

(5)可以稍微记录客户说话的要点,但不要只顾着埋头记笔记,那样会使客户对谈话失去兴趣。

(6)不要随意打断客户谈话,即使认为客户的某些观点不正确,也不要随便打断或纠正。

(7)对带有情绪的话不要过分敏感。

## 【思考与练习】

**一、重要概念**

快递客户维护、客户满意、客户忠诚、客户流失、呼叫中心、客户关系管理沟通

**二、问答题**

1.如何提高快递客户满意度、赢得客户忠诚?

2.快递客户流失的原因有哪些?如何有效减少客户流失?

3.快递企业的客户关系管理系统有哪些内容?

4.叙述呼叫中心的呼出与呼入电话处理流程。

5.快递客户维护的技巧有哪些?

**三、案例分析**

### 某快递公司的客户关系管理体系

由于竞争者很容易采用降价策略参与竞争,某快递公司认为提高服务水平才是长久维持客户关系的关键。

一、该快递公司的全球运送服务

电子商务的兴起,为快递业者提供了良好的机遇。电子商务体系中,很多企业间可通过网络的连接,快速传递必要信息。但对一些企业而言,运送实体的东西是一个难解决的问题。举例来讲,对于产品周期短、跌价风险高的计算机硬件产品而言,在接到客户的订单后,取得物料、组装、配送,以降低库存风险及掌握市场先机,是非常重要的。因此,对那些通过大量网络直销的戴尔电脑来讲,如果借助该快递公司的及时配送服务来提升整体的运筹效率,可为规避经营风险作出贡献。有一些小企业,由于经费人力的不足,往往不能建立自己的配送体系,这时就可以借助该快递公司。

为了成为企业运送货物的管家,该快递公司与客户建立了良好的互动与信息流通模式,使企业能够掌握自己的货物配送流程与状态。在该快递公司,所有客户可借助该公司网址同步追踪货物状况,还可以免费下载实用软件,进入该快递公司协助建立的亚太经济合作组织关税资料库。它的线上交易软件 Business Link 可协助客户整合线上交易的所有环节,从订货到收款、开发票、库存管理,一直到将货物交到收货人手中。这个软件能使无店铺零售企业以较低成本比较迅速地在网络上进行销售。另外,该快递公司特别强调,要与客户相配合,针对客户的特定需求,如公司大小、生产线地点、业务办公室地点、客户群科技化程度、公司未来目标等,

一起制订配送方案。

综上所述，该快递公司的服务特点在于：协助客户节省了仓储费用，而且在交由该快递公司运送后，客户仍然能准确掌握货物的行踪，可利用该快递公司的系统来管理货物订单。

二、该快递公司的客户服务信息系统

该快递公司的客户服务信息系统主要有两个：一是一系列的自动运送软件；二是客户服务线上作业系统。

1. 自动运送软件

为了协助客户上网，该快递公司向客户提供了自动运送软件。利用这套系统，客户可以方便地安排取货日程、追踪和确认运送路线、列印条码、建立并维护寄送清单、追踪寄送记录。而该快递公司则通过这套系统了解客户准备寄送的货物，预先得到的信息有助于运送流程的整合、货舱机位、航班调派等。

2. 客户服务线上作业系统

这个系统可追溯到20世纪60年代，当时航空业所用的电脑定位系统备受瞩目。该快递公司成立了自动化研发小组，建起了客户服务线上作业系统(COSMOS)。1980年，系统增加了主动跟踪、状态信息显示等重要功能。1997年，又推出了网络业务系统Virtual Order。

该快递公司通过这些信息系统的运作，建立起全球的电子化服务网络，主要利用它们的订单处理、包裹跟踪、信息储存和账单寄送等功能。

三、员工理念在客户关系中扮演的角色

良好的客户关系绝对不是单靠技术就能实现的，员工的主观能动性的重要性怎么强调也不过分。在对员工进行管理以提供客户满意度方面，具体方案有三个方面。

1. 建立呼叫中心，倾听客户的声音

该快递公司台湾分公司有700名员工，其中80人在呼叫中心工作，主要任务除了接听成千上万的电话外，还要主动打出电话与客户联系，收集客户信息。

呼叫中心中的员工是绝大多数客户接触该快递公司的第一个媒介，因此他们的服务质量很重要。呼叫中心的员工要先经过一个月的课堂培训，然后接受两个月的操作训练，学习与客户打交道的技巧，经考核合格后，才正式接听客户来电。

2. 提高第一线员工的素质

为了使与客户密切接触的业务员符合企业形象和服务要求，在招收新员工时，对新进员工的入门培训强调企业文化的灌输，先接受两周的课堂训练，接着是服务站的训练，然后让正式员工带半个月，最后才独立作业。

3. 运用奖励制度

该快递公司最主要的管理理念是，只有善待员工，才能让员工热爱工作，不仅做好自己的工作，而且能主动提供服务。

另外，在该快递公司，当公司利润达到预定指标后，会加发红利，这笔钱甚至可达到年薪的10%。值得注意的是，为避免各区域主管的本位主义，各区域主管不参加这种分红。各层主管的分红以整个集团是否达到预订计划为根据，以增强他们的全局观念。

请根据以上案例回答：

1. 该快递公司CRM是如何构建的？

2. 该快递公司通过哪些方法提高客户满意度？

# 第五章　快递客户服务礼仪

**【内容提要】**

本章主要从快递员工礼仪与快递企业形象塑造的关系上入手，介绍了快递客户服务礼仪的基本内容与要求，阐明了快递企业加强礼仪服务的意义，明确了快递员工基本的仪容仪表礼仪、举止仪态礼仪、服务语言礼仪、岗位规范礼仪，并对快递员工在日常交往中的一些常用礼仪作了介绍。

## 第一节　快递服务礼仪概述

### 一、快递服务礼仪的内涵

快递服务礼仪是快递企业的员工在快递服务活动中，对客户表示尊敬与友好，以维护快递企业良好形象的一般规范与程式，是一般礼仪在快递服务工作中的具体体现和运用。快递各部门和各岗位的员工在为客户提供服务时，应根据不同的场合、对象、内容及要求，借助语言、举止、表情、仪容等不同形式，向客户表示重视、尊重和敬意，为客户提供优质服务，与客户建立良好、和谐的关系。

快递服务礼仪是社会礼仪的重要组成部分，但它与一般的服务礼仪和人际交往礼仪不同，与其他的服务礼仪相比，快递服务礼仪也有其特殊性。它不仅以对客户的尊重为基础，而且以提拱快捷、准确、安全、方便的服务来体现这种尊重。快递服务礼仪处处体现着快递的行业特点和行业精神。

### 二、快递服务礼仪的特征

1. 实践性

从实践中来，到实践中去。快递服务礼仪源于快递服务的实际工作，贯穿于快递服务工作的始终，并将在深化快递服务的工作中不断完善和充实，具有较强的社会实践性。言之有物，行之有礼，不尚空谈。

2. 专业性

快递服务礼仪是以快递业务为基础的，快递业务本身具有很强的专业性。从事快递服务的工作人员必须经过快递专业知识的培训，包括专业素养、业务水平和操作技能的培训。只有把服务礼仪与快递工作有机的结合起来，才能称为快递服务礼仪。

3. 规范性

礼仪首先是一种规范。快递服务礼仪是将快递企业不同岗位的服务人员在对客户服务中的待人接物、业务操作中的礼貌用语、举止仪态及仪表修饰等加以规范，包括服务语言的规范、服务行为的规范、仪容仪表的规范以及操作流程的规范等。这些规范是判断快递企业员工是否自律和尊敬客户的一个标尺，也是衡量快递企业服务质量和服务水平的重要标志。

4.服务性

向客户提供优质高效的快递服务，是快递企业经营的根本宗旨。快递企业为社会提供的产品是通过服务产生效益的，而加强礼仪服务的目的，就是使快递服务逐步走上标准化、规范化和科学化的轨道。

### 三、快递服务礼仪与道德

礼仪与道德是“互为表里”的关系。道德是礼仪的基础，礼仪是道德的表现形式。任何一种礼仪都离不开道德。“道德仁义，非礼不成”，“以礼待人，按礼行事”，正是道德高尚的反映。从这个意义上说，礼仪也是待人处世的规矩，是维系社会生活的纽带。它能帮助人们约束自我，正确处理个人与他人以及社会的关系，尽管人与人之间的矛盾冲突不可能都通过礼貌或礼节来解决，但它能帮助人们艺术而巧妙地处理各种复杂的关系，减少冲突，缓和气氛，化解矛盾，解决问题，从而创造出和谐温暖的人际关系和社会环境。人们不是喜欢礼仪的表面形式，而是看重其中所包含的道德内涵，即对交往方的真诚敬重。所以，礼仪依赖道德，同时又能促进良好道德品质的养成。

## 第二节　快递服务基本礼仪

### 一、快递服务人员着装规范

一般来说，合乎礼仪的着装，首先要合体、合适、合意。合体就是穿着要和身体、体形相协调，根据自己的体形特点，做到扬长避短。合适就是在服装穿着、饰物佩戴和配件使用等方面，必须适应具体的时间、地点和目的的要求。合意就是根据自己的爱好、情趣、个性和审美观，按照着装的基本要求选择合意的服装，穿出自己的风格和魅力。

服装TOP原则要牢记。“TOP”实际上是三个英语单词的缩写，它们分别代表时间(Time)、场合(Occasion)和地点(Place)，即着装应该与当时的时间、所处的场合和地点相协调。如喜庆场合的着装要求：充分表现个性，色彩丰富，款式新颖、时尚，穿着基本不受限制。悲伤场合的着装要求：以黑色为主，深色、素色、白色为辅，款式简洁，穿着规范严整，男士脱帽致哀，女士不抹口红，不戴饰品。庄重场合的着装要求：严格遵守穿着规范，一般男士穿西服，女士穿礼服、套装，不可当众解衣、脱衣；男士进入室内须脱帽，不戴墨镜。

快递服务人员应着装规范，工作时间应穿制服。制服也称工装，一般泛指人们在工作场合的着装。对快递服务人员来说，工装就意味着其在工作之时，按照有关规定应当穿着与本人所扮演的角色相称的统一制作的正式服装。

按公司的不同规定，若有需要，工牌应时刻佩戴于胸前。可以不佩戴任何饰物；但是如果佩戴了饰物，则一定要合乎身份，不得佩戴装饰性很强的装饰物、标记和吉祥物。手腕除了手表外，最好不再戴有其他装饰物。快递服务人员穿着制服时应注意下列四大禁忌：

一忌不守规定，即工作时不按规定穿制服；

二忌滥穿制服，即在非工作时间穿制服；

三忌制便混穿，即制服与便服任意组合、搭配；

四忌污损制服，即穿脏、烂、破、损的制服。

## 二、快递服务人员仪容规范

仪容，通常是指人的外观、外貌。其中的重点，是指人的容貌。在人际交往中，每个人的仪容都会引起交往对象的特别关注，并将影响到对方对自己的整体评价。良好的职业形象离不开仪容修饰，它可以从侧面反映出一个人的工作态度、工作能力以及综合素质。服务礼仪规定，服务人员必须对本人的仪容进行必要的修饰与维护，而且在修饰与维护时遵守一定之规。在具体修饰仪容时，可遵循自然、协调、礼貌、健康等原则。仪容修饰包括四个方面：发部修饰、面部修饰、肢部修饰及化妆修饰。

发部修饰要注意净发。不论有无交际活动，平日都要对自己的头发勤于梳洗。这样做既有助于保养头发，又有助于消除异味。

在佩戴发饰方面，服务人员最好是不戴。如果戴，也只是束发之用，女性服务人员应选择深色无纹饰的发卡、发箍、发带等。在工作岗位上只有佩戴工作帽才是被允许的。

面部修饰的基本要求：时刻保持面部干净清爽，做到整洁、卫生、简约、端庄。

在人际交往中，人的肢体因为动作最多，经常会受到特别的关注。有时，人们对于他人肢体的重视程度，会比对脸部更加重视。

## 三、快递服务人员一般形体规范

俗话说："站有站相，坐有坐相。"在日常生活或工作中，人体的仪态举止是一个人形象及精神的写照。快递服务人员应了解并学习一些基本的仪态规范。

站姿基本要求：眼平、颌收、颈直、肩松平、收腹、挺胸、垂臂、右手握左手、跟拢、尖分、V/丁字或平行。

坐姿基本要求：头正、目平、颌内收、体端、肩松、身微倾。

快递人员在整理工作场所、给予客人帮助、提供必要服务、捡拾地面物品、拾取低处的物品时，都需要采取蹲姿行动。蹲姿基本要求：一脚在前，一脚在后，两腿向下蹲；前脚全着地，小腿基本垂直于地面；后脚跟提起，脚掌着地，臀部向下。

行姿，即行进时的姿态规范。行姿基本要求：方向明、身姿稳/雅、步伐从容、步态平、步幅中、走成直线、臂自然、目视前方、抬头挺胸。

手势在服务工作中极为重要，很多工作都需要用双手去完成。手势的含义，或是发出信息，或是表达感情，是人的体态语中最重要的传播媒介。快递工作人员不仅要了解各种手势的含义，而且要能够自觉运用各种规范手势。手形基本要求：在服务和日常交往中，一些基本手势的手形规范通常都是，手掌自然伸直，掌心向上，四指并拢，拇指自然稍稍分开，手腕伸直，使手与小臂成一直线，肘关节自然弯曲。

递送物品时姿势：

(1)双手为宜。双手递物于人最佳，不方便双手并用时，也要采用右手；以左手递物被视为失礼之举。

(2)递于手中。递给他人的物品，以直接交到对方手中为好。

(3)主动上前。双方相距过远，递物者当主动走近接物者。

(4)方便接拿。在递物于人时，应当为对方留出便于接取物品的地方，不要让其感到接物时无从下手。将带有文字的物品递交他人时，应使物品正面面对对方。

面部表情要给人以热心、细心、快乐、自信的感觉。表情神态，重在面部，要亲切自然而不紧张拘泥，神态要真诚、热情而不过分亲昵。

微笑面对客户，眼神自然，注视客户的双眼，既可表示自己对客户全神贯注，又可表示对客户所讲的话正在洗耳恭听。与客户进行较长时间的交谈时，可以客户的整个面部为注视区域。注视客户的面部时，最好不要聚焦于一处，而以散点柔视为宜。

## 四、快递服务人员语言规范

1.礼貌用语

快递人员在同服务对象接触的整个过程之中，始终都离不开双方的语言交流。员工的语言运用、表达能力，既体现着自己的服务水准，又直接影响所在快递企业的形象。所以，快递员工在工作岗位上服务于人时，必须自觉地遵守有关的服务语言规范。

一般服务人员的礼貌用语可以归纳如下：

问候用语，如“您好”，“早上好”。

迎送用语，如“欢迎光临”，“再见，请慢走”。

请托用语，如“请让一下”，“借过”。

致谢用语，如“谢谢您”，“谢谢您的帮忙”。

征询用语，如“需要帮助吗”，“您想多长时间寄到”。

应答用语，如“好的，一定照办”，“请放心”。

赞赏用语，如“真漂亮”，“没错，没错”。

祝贺用语，如“祝您周末愉快”，“祝您好运”。

推托用语，如“对不起，这是禁忌物品，不能寄”，“对不起，这是公司的规定，我们收件员不能擅自给您打折”。

道歉用语，如“不好意思”，“真过意不去”。

快递员工在工作岗位上还要时刻注意使用十字文明用语(您好、请、谢谢、对不起、再见)。

2.语言规范

(1)语言标准

语言标准是语言交际的前提。语言不标准，服务对象就无法听懂自己的话，沟通就会出现障碍，一些不必要的误会就会出现。语言标准主要的要求有二：一是讲普通话；二是要发音正确。

(2)语调柔和

语调是指人们说话时的具体腔调，不同的语调传递不同的信息。一个人的语调，通常体现在他讲话时的语音的高低、轻重和节奏快慢上。面对客户时，服务人员的语调要柔和，音量适中，语速适当。

(3)语气正确

语气，即人们说话时的口气，它往往会流露出交谈者真实的感情色彩。语气一般包括陈述、疑问、祈使、感叹、否定等语气。工作岗位上切忌使用急躁、生硬和轻慢的语气，如“快点，抓紧时间”，“等着吧”，“看清要求再写”等用语。

3.语言技巧

1)赞美与感谢的技巧

称赞与感谢都有一定的技巧。如不遵守，自行其是，不但会让人觉得虚伪，而且还可能会词不达意，招致误解。

(1)赞美

赞美时，要做到实事求是，力戒虚情假意，乱给别人戴高帽子，同时要恰到好处，适当地说出他人内心之中渴望获得的赞赏，并做到适可而止。赞美要适度，不能过头。过头了就会让人不舒服，给人虚伪、奉承、不可靠的感觉。

(2)感谢

“谢谢!”这句话虽然只有两个字，但如运用得当，却会让人觉得意境深远，魅力无穷。对他人给予自己的关心、照顾、支持、喜欢、帮助，表示感谢，是非常有必要的。

①感谢也是一种赞美。运用得当，可以表现出对他人的恩惠领情不忘、知恩图报，表示自己并非忘恩负义、过河拆桥之辈。

②受到他人夸奖时，应当说“谢谢”。这既是礼貌，也是一种自信。

③受到款待时，别忘了郑重其事地道谢。这句短语是肯定，也是鼓舞，是对对方最高的评价。

④在公共场合，得到了陌生人的帮助，也应当致以谢意。

⑤表示感谢时，通常应当加上被感谢者的称呼，如“谢谢你，张小姐”，“王总，多谢了”。越是这样，就会显得越正式。

⑥表示感谢，有时还有必要随便提一下致谢的理由，免得让对方感觉突兀，如“张先生，谢谢您的帮忙”。

⑦表示感谢，最重要的莫过于要真心实意。为使被感谢者体验到这一点，务必要做得认真、诚恳、大方。话要说清楚，要直截了当，不要连一个“谢”字都讲得含混不清。表情要加以配合，要正视对方双目，面带微笑。必要时，还须专门与对方握手致意。

⑧表示感谢时，所谢的若只是一个人，自然要予以突出。所谢的若是多人，可统而言之“谢谢大家”，也可逐个言谢。

2)拒绝与道歉的技巧

(1)拒绝

拒绝，即对他人意愿或行为的一种间接的否定，那么在有必要拒绝他人时，就应考虑不要把话说绝，让别人感到难为情。通常，拒绝应当机立断，不可含含糊糊，态度暧昧。别人求助于自己，而这个忙又不能帮时，就必须当场明说。从语言技巧上说，拒绝有直接拒绝、婉言拒绝、沉默拒绝、回避拒绝四种方法。

①直接拒绝，就是将拒绝之意当场讲明。采取此法时，应当避免态度生硬，说话难听。

②婉言拒绝，就是用温和曲折的语言来表达拒绝之本意。与直接拒绝相比，它更容易被接受。因为它更大程度上，顾全了被拒绝者的尊严。

③沉默拒绝，就是在面对难以回答的问题时，暂时中止发言，一言不发。当他人的问题很棘手，甚至具有挑衅、侮辱的意味时，不妨以静制动，静观其变。这种不说“不”字的拒绝，所表达出的无可奉告之意，常常会产生极强的心理上的威慑力。

④回避拒绝，就是避实就虚，对对方不说“是”，也不说“否”，只是搁置此事，转而议论其他事情。遇上他人过分的要求或难答的问题时，可以一试。

(2)道歉

①道歉语应当文明且规范。有愧对他人之处，宜说“非常抱歉”；渴望见谅，需说“请多包涵”，“请您原谅”；有劳别人，可说“打扰了”，“麻烦了”；一般场合，可讲“对不起”，“很抱歉”，“失礼了”。

②道歉应当及时。知道自己错了，马上就要说“对不起”，否则拖得越久，就越会让对方“窝火”，越容易使人误解。道歉及时，有助于当事人“退一步海阔天空”，避免因小失大。

③道歉应当大方。道歉绝非耻辱，故而应当大大方方，堂堂正正，完全彻底。不要遮遮掩掩，欲说还休。不要过分贬低自己，说什么“我真笨”，“我真不是个东西”，这可能让人看不起，也有可能被人得寸进尺。

④道歉可借助于“物语”。有些道歉的话当面难以启齿，写在信上寄去也成。对西方妇女而言，令其转怒为喜、既往不咎的最佳道歉方式，无过于送上一束鲜花。这类借物表意的道歉“物语”，会有极好的反馈。

⑤道歉并非万能。不该向别人道歉的时候，就千万不要向对方道歉。不然对方不但不会领情，搞不好还会因此而得寸进尺。即使是有必要向他人道歉时，也要切记要使自己此后的所作所为有所改进。不要言行不一，依然故我，让道歉仅仅流于形式，这只能证明自己待人缺乏诚意。

# 第三节　快递员工岗位礼仪

## 一、快递企业岗位礼仪概述

1. 岗位礼仪概述

岗位礼仪，即岗位规范，或服务规范，指快递员工在工位岗位上工作或在服务岗位上服务客户时标准的、正确的做法。在快递企业不同的部门和岗位，如人事部、财务部、行政部、客服部、营运部、企划部、规划部等，不同岗位工作人员都有自己的岗位职责，也有自己有别于其他部门或岗位的特殊的礼仪要求。直接和客户接触的一、二线岗位，如收派员、客服人员、输单员等，以及间接为客户服务的基层岗位，如仓管员、点部主管等，都有相应的礼仪规范。

2. 岗位准备

快递企业的岗位准备，可从以下几个方面进行。

(1)心态准备。快递员工必须知道，自己的工作是多么重要、多么高尚。快递企业递送的可能是份上百万的合同，可能是某个白领人士的重要证件，也可能是某个丈夫送给妻子的生日礼物……也许因为自己的马虎、不负责任、不作为，一个企业可能面临破产的威胁，一个白领可能失去工作，一段美满的婚姻可能出现裂痕，甚至可能还产生自己无法想象的后果。

员工只有认识到了快递工作的重要性，才能把快件当成是自己的东西，把递送快件当成自己的责任和使命，把快件看成是一个“生命”而百般呵护。不再把工作看成是负担，不再为了赶时间而野蛮操作，不再为了客户的责难而恶言相向，而是为了把快件及时安全送达客户手中，不断地想办法、出主意。

(2)形象准备。任何岗位的员工要想在服务工作中向他人展示良好的形象，首先要以充足的体力、旺盛的精力与饱满的热情投入工作。因此，工作前必须保证足够的休息，合理地安排工作与自己的私人生活。形象准备还包括上岗时必须按照企业规定穿着统一工装，修饰仪容，保持良好的个人卫生习惯等。

(3)环境准备。工作与服务都需要一定的环境。环境就是形象，环境就是心情，环境就是信任。因此，快递岗位员工必须重视起这张环境“面孔”，对于个人的工作环境和服务环境及与自己工作服务相关的内外部环境，应经常检视，并不断提高。

(4)技能准备。工欲善其事，必先利其器。首先要做好工具准备，如准备纸笔、单据、包装用具、计算器、电脑、扫描仪等。快递员工只有“善假于物”，才能为客户提供高质量的服务。其次要做好任务准备，如掌握收派的技巧、打包的技巧、分拣的技巧、熟知作业流程等。

## 二、快递企业的客户接待

根据客户来访的目的和形式，快递企业的客户接待可分为下列几种。

1. 网点接待

网点接待是指对那些直接送货上门的客户的接待。接待的主体可能是网点负责人、仓管员，也可能是收派员。不管由谁来接待，接待时都应首先礼貌地问候客户，询问客户的寄递要求、寄递的物品，告诉客户寄递的流程，协助其办理完相关手续。

2. 销售接待

销售接待是指对那些直接以洽谈快递业务为目的的客户的接待。洽谈的成功与否直接关系着合作能否达成。因此，在接待时，就要注意洽谈礼仪。

3. 投诉接待

投诉接待是指对那些不满客户或问题客户的接待。这时负责接待的可能是快递企业的客服人员，也可能是管理层人员。如果客户直接到企业投诉，应先把客户请进接待室，请其就座，为客户提供水或饮料，以缓解客户的不满情绪。在倾听客户陈述的过程中，应适时给予回应，并做好详细的投诉记录。在明了事件的全过程后，应立即采取行动，协调有关部门解决客户投诉的合理要求。对于不合理的要求，应耐心解释，语气不可生硬。送走客户时，应向客户致歉或感谢客户的理解。

## 三、快递收派员礼仪

快递收派员是快递企业面向客户大众的最直接、最庞大的群体。因此，快递收派员的礼仪形象直接影响着整个快递企业的形象。

1. 心态意识

作为快递一线服务人员，在岗位服务期间自己不仅要进入角色，有强烈的为客户提供服务的欲望，而且要能够设身处地的考虑客户的感受、心情、需求，重时间、讲信用，要能够进行角色互换。只有这样，才能想客户之所想，急客户之所急，以高效的服务标准为企业赢得声誉。

2. 基本准备

穿带有本快递公司标志的收派员专业制服。上衣要束在裤子里，并佩戴与制服配套的帽子、证章、徽记等。仪容仪表整洁干净，符合基本礼仪规范，做到发必齐、须必剃、甲必剪、妆必淡、衣必净、扣必系、鞋必洁。手机、运单、纸笔、包装等用具配带齐全，临出发前对车辆做好检查。自行车上的快件应捆扎牢固，在路上随时注意避免快件掉落。

3. 规范操作

熟知收派工作流程，对具体操作过程中涉及的专业技术，要能够做到准确、熟练、高效。在客户处包装时，要做到安静、快速、安全。记住所有的寄送物品都要“轻拿轻放”，保障运送安全。具体过程如下。

(1)等待进门

在进入客户单位或小区之前，应主动出示工牌，礼貌地与客户处的员工打招呼，并进行自我介绍，如“您好！我是××快递公司的服务人员，我是来给×先生/小姐收/派快件的”。

在客户场所，需配合客户公司或小区的要求办理相关进出入登记手续。及时归还客户公司的相关证明，如放行条、临时通行证等。

若由收发室（小区物业等）统一办理收派快件的，事先应向客户确认，并得到客户许可。否则应向工作人员说明快件的重要性和责任，尽量由客户亲自签收。但无论何种情况都不得与前台人员发生任何口角或冲突。

当前往客户办公室时，无论客户办公室的门是打开的还是关闭的，都应该按门铃或敲门向客户请示。按铃时间不宜超过 3s，等待 5～10s 后再按一次；敲门应用食指或中指连续敲门 3 下，等候 5～10s 门未开，再敲一次；敲门时应用力适中，避免将门敲得过响而影响其他人。

（2）进门

进门后，在客户场所应礼貌稳重，不可东张西望。未经客户允许，不得进出客户办公场所或其他地方。

针对与客户的熟悉程度不同，应采用不同的自我介绍方式。如上门次数较少，与客户不熟悉，应面带微笑，目光注视客户，采用标准服务用语，自信、清晰地说："您好，我是××快递公司服务人员××，我是来为您收件的。"介绍的同时出示工牌，把附有照片一面朝向客户，停顿两秒，让客户看清楚照片和姓名。如上门次数较多，与客户很熟悉，可省略自我介绍，但应热情、主动地与客户打招呼。

当客户正在打电话或正在接待其他人员时，应恰当地用肢体语言或点头向客户示意，切不可贸然打断客户。

（3）快件签收

将快件双手递给客户，并说："×先生/小姐，这是您的快件，请确认一下。"

若客户没有疑问，则用右手食指轻轻指向收件人签署栏，说："×先生/小姐，麻烦您在这里签收，谢谢。"若客户对快件有疑问，应礼貌提醒客户："请您和寄件客户再联系和确认一下好吗？"

在签收过程中，如发生快件损坏、部分遗失、货件数量不符等情况，导致客户拒绝签收时，应对客户耐心解释，不能与客户发生任何争执，并及时与快递企业联系，协商处理办法。

（4）快件收取

询问客户："×先生/小姐，这是您要寄的快件吗？"用双手接过客户递过来的快件，然后将运单双手递给客户，并说："请您填写运单"或"请问运单填好了吗？"

（5）快件验视

无论货物是否包装好，快递服务人员都应礼貌地询问和验视客户所托寄物品的内容："×先生/女士，为了对您负责，请允许我帮您确认一下包装内的物品、数量或内包装是否完好。"

如若验视出所寄物品为违禁物品时，应礼貌地告知客户，并予以解释："对不起，这类物体属于易燃液体，是航空违禁品，不能收寄，请您谅解。"

验视快件时，应尽量小心，要让客户感觉到你对客户所托寄物品的爱护。

（6）快件包装

对于验视确认能够快递的快件，如果客户已提供包装，要仔细检查其严实性与牢固程度，在客户面前做好易碎品的相应防护措施及标识，并主动提醒和协助客户加固包装。

（7）快件称重

如在客户处称重或计算质量，应主动提示客户："×先生/小姐，请您看一下，计费质量是×千克，运费是××元"。

如无法在客户处称重，应在征得客户同意后将货物带回快递企业称重，并于第一时间通知客户最终的计费质量和实际运费。如遇客户不信任的情况，快递服务人员应向其说明："×先生/小姐，请您放心，我们会在第一时间将准确的计费质量通知您。另外，我们公司在这方面的监督是非常规范和严格的。"

(8)填写运单

在客户不明白运单填写的相关内容时，应主动作出合理的解释。

当运单填写不详细时，快递服务人员应耐心解释："×先生/小姐，为了保证您的快件准时、安全、快捷的送达，麻烦您把××栏目详细填一下，谢谢您。"

(9)客户签字

将运单双手递给客户，并用右手食指轻轻指向寄件或收件的签署栏："×先生/小姐，麻烦您在这里签名，谢谢!"

(10)收费

快递服务人员须按运单上的应收运费进行收取，不得以任何理由收取任何额外费用，如联系电话费、过路费、过桥费等。当客户付运费时，应双手接受客户交付的运费。根据客户的要求开出收据或回到公司开具发票并及时交给客户。

(11)辞谢与道别

所有收派工作完成后，一定要进行辞谢和道别。辞谢时可以说："谢谢您，希望下次再为您服务。"道别时可以说："请问还有快件要发吗？如有需要请随时致电我们，再见。"离开办公室时，应把门轻轻带上。与客户道别，如果说话得体，会让客户很受用；不与客户道别，扬长而去，会让客户觉得你工作不专业，甚至会使他产生不放心的感觉。

## 四、快递窗口收寄人员服务规范

1.准备工作

快递窗口收寄人员应提前到岗，穿着工装、佩戴工牌，检查各项准备工作是否完成，在规定时间准时对外办理业务。

当客户走近窗口时，临近窗口服务人员应分辨身份、起身对客户打招呼："您好，请问您办理什么业务?"

2.窗口服务

如果客户是前来寄送快件的，窗口服务人员应说："×先生/小姐，这是您要寄的快件吗?"同时双手接过客户递过来的快件。

将运单双手递给客户，说："请您填写运单"或"请问运单填好了吗?"

无论货物是否包装好，快递服务人员都应礼貌地询问和检查客户所托寄物品的内容："×先生/女士，为了对您负责，请允许我确认一下包装内的物品或包装是否完好，以免有任何遗漏。"

如若检查所寄物品为违禁品时，应礼貌地告知客户公司不予受理的物品，并给予解释："对不起/非常抱歉，这类物品属于易燃物品，是航空违禁品，不能收寄，请您谅解。"

检查快件时应尽量小心，对于检查确认能够快递的快件，服务规范和上门服务标准一样，最后将客户留存条递给客户并说："请您收好，这是给您留底作为查询的凭证。"同时，告知客户这次快件的运费。

快件签收标准和上门服务签收标准相同。

3. 送别客户

当客户办理完业务离开柜台时，窗口服务人员应起身向客户道别："谢谢您，请慢走。"

# 第四节　快递员工日常交往礼仪

## 一、会面礼仪

1. 称呼

称呼是指人们在日常交往应酬之中，所采用的彼此之间的称谓语。在人际交往中，选择正确、适当的称呼，反映着自身的教养、对对方尊敬的程度，甚至还体现着双方关系发展所达到的程度和社会风尚，因此称呼不能随便乱用。

选择称呼要合乎常规，要照顾被称呼者的个人习惯，还要入乡随俗。在工作岗位上，人们彼此之间的称呼是有其特殊性的，要庄重、正式、规范。

2. 介绍

介绍是人与人相互认识的桥梁，是人们开始交往的第一步。介绍也是日常接待工作中必不可少的一个环节，是人际交往和接待工作中相互了解的基本方式。根据介绍者所处的位置不同，介绍可分为自我介绍和他人介绍。

(1)自我介绍

自我介绍时要注意如下几点。

①注意时机。介绍之前，首先要引起对方的注意。比如，在说了"对不起"、"您好"之后再开始介绍，如对方正与他人交谈或正忙于手头之事，就不适合作自我介绍。自我介绍时间要简短，最好在一分钟以内。

②注意仪态。进行自我介绍时举止表情应自然、大方，面带笑容，眼睛注视对方，不要紧张拘泥，不知所措。介绍时，可先递名片再做介绍。介绍完毕后，可根据情况与对方握手。

③注意语言。自我介绍时，语言要亲切、友好，充满自信。音量大小适中，发音标准，吐字清晰。

④注意内容。自我介绍有"四要素"，即单位、部门、职务、姓名，初次介绍时需将四者都介绍出来。特别注意，第一次介绍时单位名称要用全称，不用简称，以免产生误解。

(2)由他人介绍

由他人做介绍，自己处在当事人位置。如果自己是身份高者、年长者，应立即与对方热情握手；如果自己是身份低者、年轻者，应根据对方的反应而作出反应。

(3)为他人介绍

介绍时，表情、手势应文雅。无论介绍哪一方，都应手心朝上，手背朝下，四指并拢，拇指张开，指向被介绍一方，并向另一方点头微笑，切忌伸出手指指来指去。

介绍的先后顺序：尊者居后。先男士，后女士；先年轻，后年老；先地位低者，后地位高者。女性之间，先未婚，后已婚；先主人，后客人。

(4)集体介绍

①将一个人介绍给大家。适合于在重大活动中对身份高者、年长者和特邀嘉宾的介绍。

②将大家介绍给一个人。注意顺序：按身份高低，按座次顺序，由近及远。

3. 握手

(1)应当握手的场合

握手是人际交往中最常见的见面礼节。通常,下列情况下都是适合握手的场合:遇到较长时间没见面的熟人;在比较正式的场合和认识的人道别;在以本人作为东道主的社交场合迎接或送别来访者时;拜访他人后辞行时;被介绍给不认识的人时;在社交场合偶然遇上亲朋故旧或上司的时候;别人给予你一定的支持、鼓励或帮助时;表示感谢、恭喜、祝贺时;对别人表示理解、支持、肯定时;得知别人患病、失恋、失业、降职或遭受其他挫折时;向别人赠送礼品或颁发奖品时。

(2)握手的基本要求

与人握手时,伸手的先后顺序是上级在先、主人在先、长者在先、女性在先。长辈和晚辈之间,长辈先伸手;上下级之间,上级先伸手;男女之间,女方先伸手。当然,如果男方为长者,仍然长者在先。如果需要和多人握手,握手时要讲究先后次序,由尊而卑,即先年长者后年幼者,先长辈后晚辈,先女士后男士,先已婚者后未婚者,先上级后下级。握手时,距对方约一步远,上身稍向前倾,两足立正,伸出右手,四指并拢,虎口相交,拇指张开下滑,与受礼者握手,眼睛注视对方并面带微笑。握手时间一般在2～3秒或4～5秒为宜。

(3)握手的禁忌

①不要用左手相握,尤其是在和阿拉伯人、印度人打交道时要牢记,因为在他们看来左手是不洁的。

②在和基督教信徒交往时,要避免两人握手时与另外两人相握的手形成交叉状,这种形状类似十字架,在他们眼里是很不吉利的。

③不要在握手时戴着手套或墨镜。只有女士在社交场合戴着薄纱手套握手,才是被允许的。

④不要在握手时另外一只手插在衣袋里或拿着东西;不要在握手时面无表情、不置一词或长篇大论、点头哈腰、过分客套。

⑤不要在握手时仅仅握住对方的手指尖,好像有意与对方保持距离。正确的做法是要握住整个手掌。即使对异性,也要这么做。

⑥不要在握手时把对方的手拉过来、推过去,或者上下左右抖个没完。

⑦不要拒绝和别人握手,即使有手疾、汗湿或弄脏了,也要和对方说明“对不起,我的手现在不方便”,以免造成不必要的误会。

## 二、名片礼仪

名片作为重要的社交工具之一,传递着个人和公司的信息,担负着通报、联系以及宣传的重任。要使名片发挥作用,必须了解名片的使用礼仪。

1. 名片的分类

(1)第一类:企业名片

主要用于企业产品交流会等,用来宣传本企业及其产品。名片上提供企业名称、地址、公务电话等内容。

(2)第二类:个人名片

①第一种:私人名片。类似于做“应酬式”自我介绍,名片上只提供姓名,其他信息一概不提供。

②第二种:商用名片。提供的内容:本人归属(企业标志、单位全称、所属部门),本人称谓(本人姓名、行政职务、学术头衔)以及联络方式(所在地址、邮政编码、办公电话)。

2. 名片交换技巧

(1)如何索取名片

人际交往中,索取名片常有以下四种方法。

①互换法。想要索取别人的名片,就先把自己的名片递给别人,别人自然会回赠一张自己的名片。

②明示法。直接表明自己的本意,如直接说:“张经理,认识您很高兴,能要一张您的名片吗?”

③谦恭法。欲向长辈或地位、职务高的人索取名片时,可以说:“以后如何向您请教?”实际就是暗示对方,能不能留下电话号码。如果对方想给就给,如果对方不想给,也不会使自己很尴尬。

④联络法。欲向平辈、晚辈或职位、地位相仿的人索取名片,可以说:“今后怎样与你联系?”如果对方不想给,会说:“今后还是我与你联系吧。”这是一种很巧妙的方法,彼此都不伤面子。不想给对方名片,不可以直接拒绝,宜说:“非常抱歉,我的名片暂时用完了。”

(2)如何递上名片

①态度谦恭。以双手食指和拇指执名片的两角,以文字正对对方,一边自我介绍,一边递上名片。对于对方递过来的名片,应该用双手去接,以示尊重和礼节。

②讲究顺序。如果递给很多人,应“由尊而卑”、“由近及远”。在圆桌上就餐,则从自己右侧以顺时针方向依次递上。

(3)如何接受名片

①用双手接对方递过来的名片;

②应重复对方职务、头衔,加以确认,然后毕恭毕敬地放在适当位置;

③有来有往,回敬对方。

(4)名片交换注意

①名片应放在随手可取的地方,不应东摸西摸,半天找不到。

②出示名片,应把握机会。一是交谈开始前,二是交谈融洽时,三是握手告别时。

③接过别人的名片,切忌不加确认就放入包中。忌放在裤兜、裙兜、提包、钱夹中,忌随手乱扔。

④忌“批发式”散发名片。

⑤自己名片存放要用专用的名片夹、名片包。

⑥当名片交换完毕后,如果对方表示了“请坐”,这时就可以坐下。

养成一个基本的习惯:会客前检查和确认名片夹内是否有足够的名片。

## 三、拜访礼仪

1. 拜访时机

在拜访他人时,必须要与对方事先约定好时间、地点,让对方有心理准备,不约而至或在对方缺乏准备的时间到访,会给对方造成不便。拜访时要准时赴约,如遇特殊情况不能到访,应提前通知对方,说明理由,表示歉意,以示尊重。总之,拜访要以不打扰对方工作与生活为原则。

2. 拜访技巧

明确拜访目的。拜访时应明确拜访目的,并根据拜访目的和对象进行适当的心理和行动准备。

仪容仪表修饰。仪容整洁自然,必要时可化淡妆。着装分场合和对象,稳重端庄,合礼得体。

掌握敲门技巧。如有接待人员,可由接待人员或秘书代为通报安排,如没有相应的接待人员,也应打一个电话给对方,得到了准许后敲门进入时,应注意敲门动作要轻,一般以中指轻叩三声,稍等一会,无人应答时再敲第二遍。切忌直接或不经允许闯入。

言行举止得体。见面后主动与对方问好。就座时,要得到对方邀请,并同对方一起就座。与对方交流时,要保持一定的距离,避免唾液乱飞。说话时要注意分寸,不要高谈阔论,滔滔不绝,也不要一言不发,过于拘谨。不要随意走动,乱动乱翻对方房间里的东西。

3. 拜别礼仪

拜访他人的时间不宜过长。特别是初次拜访时,应当掌握在一刻钟或者半个小时之内。最长的拜访也不应超过两个小时。要注意观察对方的表情和神态,如对方有暗示希望结束谈话的表现,应尽快结束话题,起身告辞。在拜访时,如果有其他重要客人到访,应遵守"前客让后客"的原则,礼貌提出告辞。告辞时,应对对方友好热情的接待表示感谢,并主动伸手握别。

## 四、位次排列礼仪

1. 行走中位次礼仪

多人并行的时候总体遵循内侧高于外侧的原则。两人并行,可把内侧让给客人;多人并行则中央高于两侧;在平地上单行行进时,通常前排高于后排,把选择前进方向的权利让给客人。引导客人时可走在客人左前方约 1.5m 处。

使用楼梯和自动扶梯时,主人应走在前面。男女同事在使用楼梯和自动扶梯时,应按先来后到的顺序。

2. 上下电梯礼仪

遵循先下后上原则。上电梯时,如电梯中有人,尊者先上;如电梯中没人,应抢先进入电梯,按住"开"钮,再请客人进梯。下梯时,一只手按住"开"钮,另一只手示意请客人先下。在电梯内避免与他人对面而立,陪客人时应以 45°斜侧角度面对客人。

3. 乘车

(1)乘坐礼节

乘坐由驾驶员驾驶的小轿车,不管转向盘在左还是在右,都是以后排右座为首位,左座次之,中座再次之,驾驶员旁边的座位为末位(图 5-1)。

如果是主人充当驾驶员驾车出去,小轿车的首座则是驾驶员旁边的位置,其次才是后排右座,再是后排左座,后排中间为末座(图 5-2)。

(2)需要注意的细节

主人陪同客人乘同一辆轿车,应帮助客人上下车。若同亲友乘同一辆车,应请女士和长辈先上车,并为之开关车门。男女同乘、下级上级同乘时,男士或下级应主动帮助女士或上级乘车。女士上下车时,要采用背入式或正出式。上车时,不要一脚先踏入车内,要先坐到位子上,再将双脚收进车里。下车时,要双脚先踏出来,身体再出来。

图 5-1　乘车礼节一

图 5-2　乘车礼节二

4. 会客

礼节性的、一般性的人和人之间的相互见面，有时也称会客、会晤或者会面。通常来说，有以下几种方式。

(1)自由式

自由式适用于两种情况：一是非正式交往时，宾主双方不分主次，自由择座；二是难以排列座次时(大家平级)，个人根据喜好自由择座。

(2)相对式

相对式的具体做法是宾主双方面对面而坐。这种排列方式主次分明，含有“公事公办”之意，多适用于公务性会客。采用相对式安排位次时，会有下面两种情况。

①双方就座时，一方面对正门，另一方背对正门。这时遵循“面门为上”，如图 5-3 所示。

②双方就座时，室内分为左右两侧，面对面就座。这时遵循“以右为上”，即进门之后，右侧一方为上座，如图 5-4 所示。

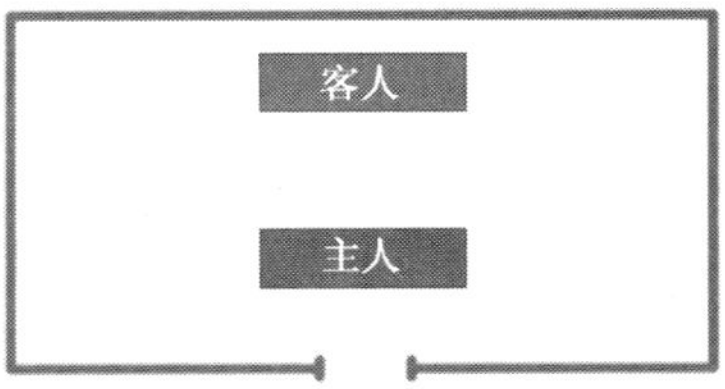


图 5-3　相对式会客排位一

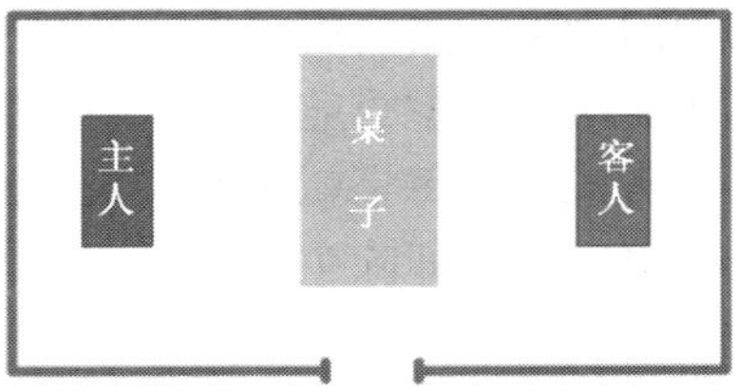


图 5-4　相对式会客排位二

(3)并列式

并列式，即宾主双方并排就座。如宾主双方都是面门而坐，则以右边为上座，即客人坐在主人的右边，如图 5-5 所示。

5. 宴请

这里主要介绍中餐宴请排位，分为中餐桌次排位和中餐席次排位。

(1)中餐桌次排位

举行中餐宴请时，若所设餐桌不止一桌，就会有桌次之别。排定桌次时，主要有以下三条常规。

①以右为上。中餐餐桌一般采用圆桌。若两张餐桌横排时，桌次以右为主。需要指明的是，此时的左右是依照“面门为上”的规则来确认的，如图 5-6 所示。

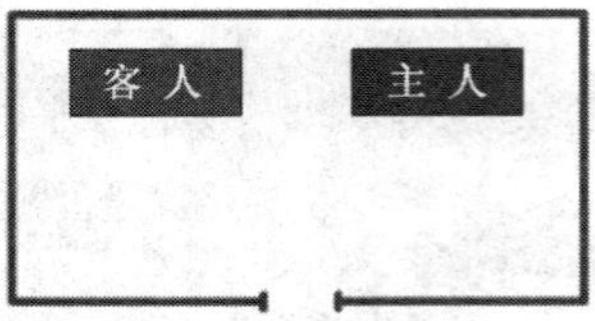


图 5-5　并列式会客排位

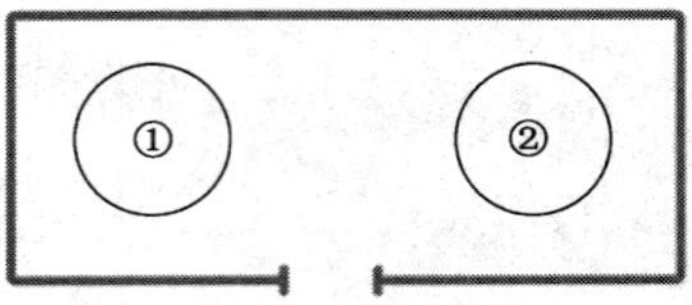


图 5-6　中餐桌次排位一

②以远为上。餐桌距离餐厅正门若有远近之别，则以距门远者为上，如图 5-7 所示。

③居中为上。多张餐桌并排时，居于中央者通常高于两侧者，如图 5-8 所示。

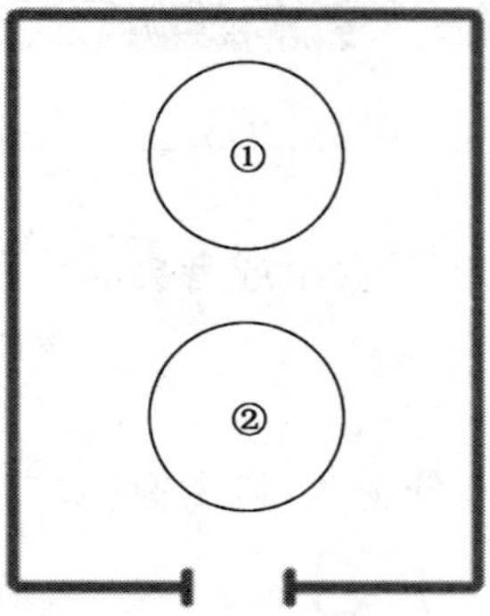


图 5-7　中餐桌次排位二

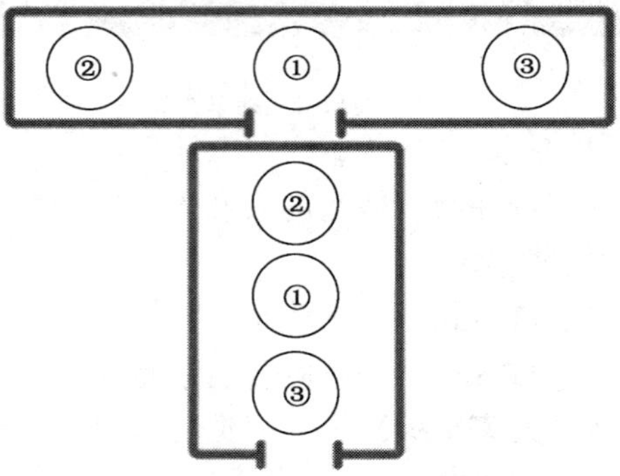


图 5-8　中餐桌次排位三

很多时候，上述三条桌次排位的常规是交叉使用的。

(2)中餐席次排位

席次是指每一张餐桌上的具体座次，席次的排列体现了来宾的身份和主人对其礼遇的程度，应加以重视。

①面门为上。宴会的主人应坐在主桌上，面对正门就座。

②主宾居右。主宾应在主人的右侧就座。

③好事成双。每桌就座的人数宜为双数，并以 6 人、8 人、10 人为最佳。

④各桌同向。即除主桌外的其他各张餐桌上的主位，可与主桌上的主人之位方向相同。

## 【思考与练习】

**问答题**

1. 快递服务礼仪的内涵与特征是什么？
2. 礼仪与道德的关系是怎样的？
3. 仪容修饰包括几个方面？
4. 哪些站姿属于错误站姿？标准行姿的要求是什么？
5. 自我介绍时需注意什么？
6. 服务中常用的手势有哪几种？
7. 快递企业的客户接待有哪几种方式？
8. 拜访需注意哪些礼仪？

# 第六章　网络时代的快递服务

**【内容提要】**

互联网将计算机与通信集成为统一的平台，给社会经济的发展和人民生活水平的提高带来了前所未有的机遇。没有一项发明能像互联网那样对企业和客户产生如此深刻的影响。它已经成为人们生活的一部分，拉近了人们的空间距离，也必将对快递企业原有的客户服务方式与营销模式赋予新的内涵。互联网用户规模的持续扩大，使得电子商务成为快递发展新的增长点，快递服务与电子商务合作日趋密切，范围不断拓展，水平不断提升。网络时代必将使快递服务迎来新的发展机遇和挑战。

## 第一节　电子商务与快递服务

互联网在全世界的迅速发展，标志着电子商务时代的到来。人们可以足不出户就得到企业提供的个性化服务，享受电子商务时代带来的成果。互联网以前所未有的发展规模，将用户、信息和信息系统联系在一起。根据中国互联网信息中心的调查结果，截止到2009年6月30日，中国网民数量达到3.38亿[中国互联网信息中心对中国网民定义为平均每周使用互联网1小时(含)以上的中国公民]。几乎每4个人中就有1位网民，约占全国人口的25%。其中，农村网民将近1亿人。受第三代移动通信技术(3G)业务开展的影响，使用手机上网的网民也已达到1.55亿，占网民的46%，半年内增长了32.1%，增速十分迅猛。

随着电子商务和网上购物的不断发展繁荣，快递服务迎来了新的发展机遇和挑战。据统计，2008年，中国个人网上购物销售额达到1 320亿元，约占社会商品零售额的1%，全国网购人数已超过1.2亿，其中90%的用户选择了邮政普通包裹或快递服务。电子商务带动的包裹量超过5亿件，全国快递服务1/3的业务量是由电子商务牵动完成的。

### 一、电子商务概述

1. 电子商务的概念

电子商务，英文是Electronic Commerce，简称EC。电子商务通常是指在全球各地广泛的商业贸易活动中，在开放的网络环境下，基于浏览器/服务器应用方式，买卖双方不谋面地进行各种商贸活动，实现消费者的网上购物、商户之间的网上交易和在线电子支付以及各种商务活动、交易活动、金融活动和相关的综合服务活动的一种新型的商业运营模式。随着国内Internet使用人数的增加，利用Internet进行网络购物并在网上以银行卡付款的消费方式已渐流行，市场份额也在迅速增长，各类电子商务网站也层出不穷。

2. 电子商务的分类

关于电子商务的类别，目前主要有B2B、B2C、C2C、B2M、M2C、B2A(即B2G)、C2A(即C2G)七类电子商务模式。

(1)B2B(Business to Business)

商家(泛指企业)对商家的电子商务,即企业与企业之间通过互联网进行产品、服务及信息的交换。通俗的说法是进行电子商务交易的供需双方都是商家(或企业、公司),他们使用了Internet的技术或各种商务网络平台,完成商务交易的过程。这些过程包括:发布供求信息,订货及确认订货,支付过程及票据的签发、传送和接收,确定配送方案并监控配送过程等。有时写作B to B,但为了简便通常用其谐音B2B(2即to)代替。

(2)B2C(Business to Customer)

B2C模式是我国最早产生的电子商务模式,以网上商城正式运营为标志。B2C,即企业通过互联网为消费者提供一个新型的购物环境——网上商店,消费者通过网络在网上购物、在网上支付。由于这种模式节省了客户和企业的时间和空间,大大提高了交易效率,节省了宝贵的时间。

(3)C2C(Consumer to Consumer)

C2C同B2B、B2C一样,都是电子商务的模式之一。不同的是C2C是用户对用户的模式,C2C商务平台就是通过为买卖双方提供一个在线交易平台,使卖方可以主动提供商品上网拍卖,而买方可以自行选择商品进行竞价。某典型的C2C购物网站与快递企业及买家、卖家之间的资金流、信息流、物流的关系如图6-1所示。

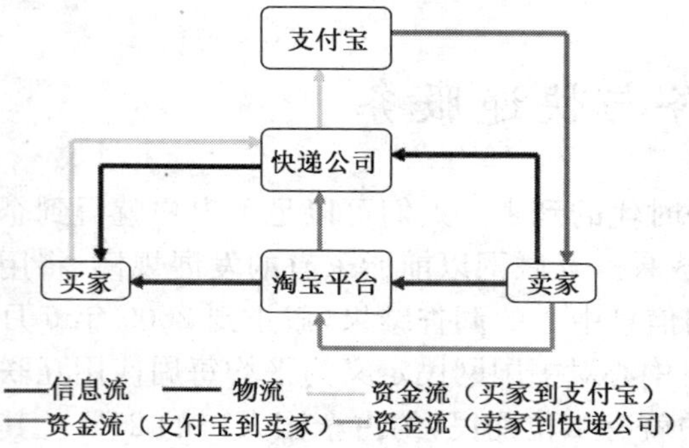


图6-1 某购物网站与快递企业及买家、卖家之间的资金流、信息流、物流的关系

(4)B2M(Business to Manager)

B2M是相对于B2B、B2C、C2C的电子商务模式而言的,是一种全新的电子商务模式。而这种电子商务相对于以上三种模式有着本质的不同,它们的根本的区别在于目标客户群的性质不同,前三者的目标客户群是作为一种消费者的身份出现,而B2M所针对的客户群是该企业或者该产品的销售者或者为其工作者,而不是最终消费者。

企业通过网络平台发布该企业的产品或者服务,职业经理人通过网络获取该企业的产品或者服务信息,并且为该企业提供产品销售或者企业服务,企业通过经理人的服务达到销售产品或者获得服务的目的。职业经理人通过为企业提供服务而获取佣金。

(5)M2C(Manager to Consumer)

M2C是针对于B2M的电子商务模式而出现的延伸概念。在B2M环节中,企业通过网络平台发布该企业的产品或者服务,职业经理人通过网络获取该企业的产品或者服务信息,并且为该企业提供产品销售或者提供企业服务,企业通过经理人的服务达到销售产品或者获得服务的目的。而在M2C环节中,经理人将面对Consumer,即最终消费者。

M2C是B2M的延伸,也是B2M这个新型电子商务模式中不可缺少的一个后续发展环节。经理人最终还是要将产品销售给最终消费者,而这里面也有很大一部分要通过电子商务的形式,类似于C2C,但又不完全一样。C2C是传统的盈利模式,赚取的基本就是商品进出价的差价。而M2C的盈利模式则丰富、灵活得多,既可以是差价,也可以是佣金。此外,M2C的物流管理模式也可以比C2C更富多样性,如零库存;现金流方面也较传统的C2C更有优势。

(6)B2A(Business to Administration),也即B2G,Business to Government

商业机构对行政机构的电子商务，指的是企业与政府机构之间进行的电子商务活动。例如，政府将采购的细节在国际互联网上公布，通过网上竞价方式进行招标，企业也要通过电子的方式进行投标。

(7)C2A(Consumer to Administration)，也即C2G，Consume to Government

消费者对行政机构的电子商务，指的是政府对个人的电子商务活动。这类的电子商务活动目前还没有真正形成。然而，在个别发达国家，如在澳大利亚，政府的税务机构已经通过指定私营税务或财务会计事务所用电子方式来为个人报税。这类活动虽然还没有达到真正的报税电子化，但是已经具备了消费者对行政机构电子商务的雏形。

## 二、电子商务对快递服务的影响

电子商务作为新的商务模式，在减少流通环节、加快流通速度、降低交易成本、便捷百姓生活方面的作用日益突出。互联网用户规模的持续扩大和网上购物的优势，使得电子商务为快递服务提供了巨大的市场空间，成为快递发展新的增长点。电子商务发展对于快递提升服务质量、调整产品结构、加快向现代服务业转型具有重要促进作用。快递企业生存和发展的环境也随着电子商务的出现发生了巨大的变化。电子商务配送已成为拉动快递服务增长的重要力量，它与快递服务的结合对快递服务产生了如下影响。

1. 提升了快递服务的质量

电子商务与快递服务的结合使得快递企业根据客户的需求，向客户提供差异化的服务，提升了快递服务的质量。

在网络技术兴起的今天，快递服务的竞争归根结底就是服务的竞争。在快递服务的时效性、准确性和安全性相差不大的时候，如何向客户提供更加直接、更加便利的服务就成了快递竞争的重中之重。电子商务的兴起和运用使快递客户服务不仅局限于点到点、户对户的单一传递模式，快递企业的服务范围、服务时限、服务频次等将发生极大改变，客户的需求无时不在、无处不在，这就要求快递服务人员不仅要能提供标准化的服务，同时也能提供个性化服务。

电子商务的迅猛发展促进了快递企业与客户的动态交流。通过电子邮件和网络，客户的所有需求信息一目了然，快递企业可充分利用这些资源提供优质的客户服务，进行个性化的客户服务和市场营销。

2. 扩大了快递服务产品的种类

由于快递服务与电子商务的对接，快递企业能更好地为客户提供包括仓储、理货、代收货款、收件人付费、签单返回、代客户报关等多种增值服务，调整了快递产品结构，促使快递企业由单一的价格竞争向服务质量竞争转型，把快递服务产品的品种、价格与服务品质捆绑进行差异化竞争，提高了快递企业把握市场的能力。

3. 加速了快递服务网络信息化的进程

快递服务的网络信息化是电子商务时代的主要特征之一。当今世界全球信息资源的可用性及网络技术的普及为快递服务的网络化提供了良好的技术支持，快递服务网络信息化必将随着电子商务运用而加速发展。客户如果需要速递包裹，可以登录企业网站，通过计费系统查询到快递的运费报价。选择快递模式后，网上会自动生产各种模式的运单，接下来就可以预约取件和进行付费了。取件完成后，客户可以通过互联网平台进行快件的追踪查询，时时刻刻保持对快件运递进程的追踪。无论是在从上海到纽约的飞机上，还是在前往客户办公室的快递企业的货车上，客户都可以追踪他们包裹的位置。还有更加人性化的快件状态电子邮件通知服务，为客户提供快件追踪信息。客户在使用该服务时可以通过计算机或手机收取电子邮件，掌握快件的最新运送状况。如果快件因为未找到收件人或是飞机延误等原因未能送达时，客户将得到电子邮件通知，同时还会收到一些合理建议。为使客户能全时段跟踪货件信息，快递企业实施精准扫描服务。从取件到完成递送，每个快件都需要扫描很多次，快件位置的相关信息都可以在凭借相关查询码在互联网上查寻。

电子商务由于充分发挥了信息技术优势，对快递的发展起到了一定的积极引领和推动作用。但总体而言，由于电子商务与快递的合作还处于起步阶段，双方在信息接口、商品签收、安全管理、风险分担等方面还缺乏统一的规范，国内相关法律、标准、政策还缺乏必要的衔接。因此，电子商务企业和快递企业应抓住电子商务与快递协同发展的新机遇，优化网络、改善服务、大力协作，从而实现共同繁荣。

## 第二节　利用网络优化客户服务

### 一、利用网络优化快递企业内部管理

1. 网络对快递企业管理的影响

企业之间的竞争始于管理理念的竞争。网络时代的发展，使企业的管理理念出现了新的变化。这些变化会指导企业从新的角度审视问题，进而制订新的规则，形成新的机制，进一步适应网络时代的需求。

(1)管理模式的不断变化

网络经济下的企业管理是一个不断学习和创新的动态过程。学习和创新是网络经济的核心。首先是观念的创新。网络使距离消亡到零，组织结构将越来越向扁平化发展，传统的组织结构将很难适应网络经济，不能更新观念，无异于将企业隔离在网络经济之外。其次是企业运行模式的创新，包括制度、组织结构等。企业的各个组织应成为能适应外部瞬息万变市场的独立单位，企业的各个部门要能及时针对市场作出反应。企业管理要运用动态的思维，在变化中实现管理。再次是新技术的创新，利用各种新技术，特别是网络技术整合全球信息、科技资源为我所用，以创新技术来创造新需求进而创造新市场。最后是企业员工自身要不断创新，即指员工不断学习，提高自身素质。在网络经济环境下，企业的每一个员工都要成为创新的主体。人是保证创新的决定性因素。企业员工整体素质的提高预示着企业自身创新能力的质的突破。

(2)弹性管理模式的出现

网络的诞生使企业组织分子化。每一个劳动者就是企业的最小单位，可以应工作需要机动地组合。企业管理也要有足够的弹性来适应这种变化。弹性管理主要体现在时间上和空间上。传统的企业管理习惯于让员工在固定的时间到固定的地点去工作。而在网络经济环境下，这些都将成为过去。一方面，网络无所不至的触角已伸向了社会的各个角落，而网络所至之处，是企业市场延伸的地方，也就是企业的活动范围，因而管理的对象已经极度分散化了；另一方面，网络经济强调时间上的即时性，如果用一般的时间概念去束缚它，反而会抑制其发展。所以，实施弹性化的管理模式实际上是为企业员工创造一种宽松的工作环境，以便更好地发挥人的积极性和创造性。

对快递企业来说，客户需要的快递服务是随时随地的。这就要求快递企业的工作人员能

在任何时间、力所能及地满足快递客户的需要。因此，弹性管理模式更适合快递企业的员工管理。

(3)企业发展动力机制的构建

在网络经济下，企业要发展仍然离不开人、财、物等这些最基本的资源。为了确保企业发展的不竭动力，企业要建立相应的动力机制，主要包括资金、信息、技术以及人才等方面。而人才是其中的最关键因素。对快递企业来说，网络营销人才是稀缺资源，要想实现跨国网络营销，建立全球快递网络，人才则是更加稀缺的资源。

随着经济全球化，充满生机、庞大、开放的网上营销市场即将展现在中国快递企业面前，中国快递企业将从网络上获得新的商机和希望。进行网络营销是提高中国快递企业市场适应能力和国际竞争力的战略选择。但是相当多的快递企业营销人员习惯于传统营销市场的运作，缺乏具有网络营销能力的高级人才。在网络经济时代，快递企业的成败取决于人才的培养和管理。“以人为本”已成为当前快递企业人力资源管理的要诀。

网络时代的特征是计算机和互联网的出现、使用和普及化。在计算机、互联网的推动下，企业正在逐步改变过去时代的管理理念。在网络时代下，组织将更加扁平化，更加高效；管理将更加人性化，更加注重员工个人的成长和发展。

2.运用网络优势优化快递企业管理

企业竞争的优势首先体现在管理理念变化上。现在的问题是：面对扑面而来的网络时代，企业的生存和发展需要引入哪些新的管理理念和准则，才能适应时代的要求?

(1)通过企业资源计划(ERP)系统提升快递企业经营效率

ERP是英文 Enterprise Resource Planning(企业资源计划)的简写。它是指建立在信息技术基础上，以系统化的管理思想，为企业决策层及员工提供决策运行手段的管理平台。ERP系统集信息技术与先进的管理思想于一身，成为现代企业的运行模式，反映时代对企业合理调配资源，最大化地创造社会财富的要求，成为企业在信息时代生存、发展的基石。

ERP是在20世纪80年代初开始出现的。ERP的核心思想是供应链管理，它跳出了传统企业边界，从供应链范围去优化企业的资源，是基于网络经济时代的新一代信息系统。它对于改善企业业务流程、提高企业核心竞争力的作用是显而易见的。ERP系统可以为快递企业带来巨大的好处，主要表现在以下方面。

①可以大大加快订单的处理速度，提高订单的处理质量，从而降低订单的处理成本；

②通过自动化方式及时采集各种原始数据，提高了数据的处理速度和处理质量，从而降低了财务记账和财务记录保存的成本；

③由于提高了设备的管理水平，可以充分利用企业的现有设备，降低设备投资；

④快递运作流程更加灵活，可以有效应对快件传递过程中各种异常事件的发生；

⑤由于提高了计划的准确性，从而降低了快件传递过程中的非常停顿时间；

⑥更加有效地调度整个快件传递过程，提高快件传递效率；

⑦减少快件传递过程中由于无法及时协调而出现的差错率，提高管理水平；

⑧可以降低快件传递过程的成本；

⑨由于成本和效率方面的改善，快递企业可以从容地确定有利的价格，从而提高企业的利润或者提高企业的市场占有份额；

⑩由于改善了整个快递传递过程，因此可以缩短快件交付时间，让客户更加满意；

⑪允许更大程度的产品个性化定制，可以更灵活地满足不同快递用户的需求；

⑫快递客户的满意度得到提高，可以增加快件订单，增加销售利润，并扩大市场份额，最终增加快递企业的利润；

⑬企业的管理人员和业务人员有更多的时间投入到业务的研究和问题的解决中去，从而提高管理人员和业务人员的业务素质和管理水平；

⑭由于可以方便地借鉴行业最佳管理实践，企业管理的精细化、规范化和标准化可以做得更好；

⑮由于可以根据需要及时调整业务操作和业务流程中的约束，企业员工的全局观念得到了增强，员工的工作能动性得到了大大提高；

⑯由于实现了信息共享，企业的决策有了及时的、全方位的数据依据，可以提高决策的质量。

(2)通过人力资源管理系统(HR)优化快递企业的人力资源

HR系统经过几十年的发展，现在已经比较完善，被很多企业广泛采用。第一代人力资源管理系统出现于20世纪60年代末期，除了能自动计算人员薪酬外，几乎没有更多功能(如报表生成和数据分析等)，也不保留任何历史信息。第二代人力资源管理系统出现于20世纪70年代末，对非财务人力资源信息和薪资的历史信息都进行设计，也有了初级的报表生成和数据分析功能。第三代人力资源管理系统出现于20世纪90年代末，这一代HRMS的数据库将几乎所有与人力资源相关的数据都进行了收集与管理，更有强力报表生成工具、数据分析工具和信息共享的实现。

对快递企业来说，采用人力资源管理系统最主要的原因是：

①期望借助人力资源管理系统，充分发挥人力资源的优势，以取得最佳经济效益。每个人都有自己的长处和短处，作为管理者来说，要把合适的人放到合适的岗位上，才能最大限度地发挥个人的作用。因此，借助HR系统，能够将人员的利用率达到最佳，既体现了"以人为本"，也提高了企业的效率。

②由于知识经济的来临，所谓人力资本的观念已经形成，21世纪的竞争是科技的竞争，而科技是以人为载体的。因此，21世纪的竞争说到底是人才的竞争，也就是人力资源的竞争，人力资本的重要性不亚于甚至超越了土地、厂房、设备与资金等。

③人是知识的载体，为了有效运用知识，发挥知识的最大效用，需要妥善的管理人力资源，从而发挥人力资源的最佳效用。

④通过HR系统，自动计算人员薪酬，生成数据、报表，提高企业的管理效率。

(3)通过知识化办公自动化系统(KOA)提高快递企业的办公效率

KOA是Knowledge Office Automation(知识化办公自动化系统)的简写。KOA以创新管理理论和技术为基础，集成工作流机制、邮件机制、网络会议、安全机制、催办机制等，打造通用化的企业自动化办公平台。

随着快递企业规模的不断发展，快递业务也逐步扩大，企业的信息和资料将更加纷杂，企业的内部流程类工作不但大幅度增加，而且变得越来越烦琐。同时，快递企业的员工数量也将急剧增加，如此庞大的组织在管理上也势必会出现问题。对大多数发展迅速的快递企业来说，在发展过程中的隐患主要有：

①多数快递企业在全国有几十个分部，员工上万人，而且公司还在逐步地发展壮大，机构也在快速扩张，员工数量激增，管理团队也逐渐扩大。组织机构扩大就会导致企业内部信息、知识的传播速度变慢。因此，急需提高知识的传播速度。

②工作信息传播范围小，有效信息未能迅速传达各个部门，而部门之间联系也不紧密，信息交流不频繁，导致许多协作工作反应速度低，协同工作开展起来费时费力。

③随着日常事务的增多，传统的面对面的解决问题的方法太过耗时耗力，不利于员工工作效率的提高。

④员工数量的快速增加，必然导致管理难度也随之提高，管理成本、培训成本也非常高，同时管理层也需要一个行之有效的工具来提升管理效率。特别是当遇到领导在外出差，许多事宜都无法亲自处理，很可能延误重大决策的时间。

⑤企业内部的工作制度和流程处理缺乏统一规范化，而相关的行动人员缺乏一个协作的通道，这不但导致工作效率低下，同时也因为没有有效的最终统计的数据和记载，许多事情容易出现扯皮现象，这就要求尽快地形成一个规范化的管理机制。

因此，面对外部强大的竞争压力，快递企业内部对于加快运作效率和实现资源共享的要求日益强烈，企业要不断强化自身实力，提高管理水平，就必须寻找一个强而有效的工具来摆脱困境。KOA 所能提供的功能主要有：

①信息发布平台。为公司的信息发布、内部员工的工作、学习和生活交流提供一个有效的场所，同时使企业的规章制度、新闻、技术交流、公告事项得以及时地传播。

②个性化行政办公平台。梳理企业公文流程，改变了企业传统纸质公文办公模式，企业内外部的收发文、呈批件、文件管理、档案管理、报表传递、会议通知等均采用电子起草、传阅、审批、会签、签发、归档等电子化流转方式。

③日常办公平台。改变传统的集中办公的办公方式，扩大了办公区域，员工可在任何地方、任何时候登录公司的网络，像平常在办公室一样地进行办公。

④知识管理平台。实现知识沉淀、存储、共享、流动、应用和创新的全生命周期管理，提高知识获取与学习能力，塑造学习型创新型企业。

⑤协同工作平台。建立会议协作、团队协作、公文流转、待办机制、催办机制等协作平台，实现即时通信、共享、交流。

⑥决策支持平台。采集竞争对手情报，分析系统内业务知识，挖掘企业热点知识，辅助企业决策层全盘掌控企业运营。

⑦企业通信平台。建立企业范围内多种多样的通信网络，包括电子邮件、网络会议、手机短信、PDA 等，使得信息交流快捷流畅。

(4)通过 E-Learning 系统优化快递企业的培训

E-Learning 源于 Electronic-Learning，中文译作“数字(化)学习”、“电子(化)学习”、“网络(化)学习”等。不同的译法代表了不同的观点：一是强调基于互联网的学习；二是强调电子化；三是强调在 E-Learning 中要把数字化内容与网络资源结合起来。E-Learning 是指主要通过因特网进行的学习与教学活动。它充分利用现代信息技术所提供的、具有全新沟通机制与丰富资源的学习环境，实现一种全新的学习方式。E-Learning 的特点主要有：

①知识的网络化。学习的知识不再是一本书，也不再是几本参考书，而是所有有关的专业知识和数据库。在数据库的支持下，知识体系将被重新划分，学习内容将发生重新组合，学习与研究方法也将发生新的变化。

②学习的随意性。分散在各地的员工比以往更为忙碌，他们企盼适合于他们需要的学习时间表和解决方案。学习必须能全年全休地进行，无论是在办公室、家，还是在旅馆房间。员工可以依他们的行程表学习，而不是培训机构的日程。

③学习内容保持及时、持续的更新。包括学习教材在内的各种学习资源能保持在更新、与业务相关的状态，这会让资源对员工更具价值。

④培训的即时性。传统的培训人员要制订培训教材，安排培训场地，并组织考试、后勤，宣布培训结束之后又投入下一个培训的准备工作。采用 E-Training 解决方案可以将周期缩短到几乎让我们在即时模式中工作。在工作节奏越来越快的今天，学习本身所需的时间已经超过个人和企业所能支出的时间。如果企业要跟上发生在周围的变动，就必须使用技术和更先进的教学和信息设计技术。

以学习方式来分，E-Learning 有实时远程教学、按需点播的远程教学和基于 Wed 的远程教学。传统的教室培训受到时间、地点、讲师和费用等多方面因素的影响，主要存在以下缺陷：

①培训人数和需求受培训费用的限制；

②大量重复性的培训，使得培训管理者不堪重负；

③培训实施周期长，无法满足员工技能提升和业务推广的时间要求；

④培训内容缺乏灵活性和一致性，且更新速度缓慢；

⑤缺乏对培训效果客观、科学的评估；

⑥缺乏对培训活动全阶段的系统管理。

E-Learning 可以弥补传统培训方式中存在的缺陷与不足，因此可以运用到快递企业的员工培训中。对大型快递企业来说，存在着企业机构繁复、部门众多、分布地域广泛、员工人数众多、培训需求种类繁多、层次面多等问题，因而培训支出大。

针对大型快递企业用户分布地域广泛的特点，可以采用分布式广域网网络结构，在总部设立核心节点，放置 Meta Course 远程教学核心平台，用于学员管理和培训资源的管理和发布。分别在用户相对集中地区设置区域中心 Media 资源服务器，用于核心节点的培训资源分流发布服务器，以分散核心节点的访问压力和方便学员就近访问，保障访问速度，提高学习质量。

核心节点标准配置一台 Web/db 服务器和一台 Media 资源服务器。Web/db 服务器用于认证管理和单位、学员及其他应用数据库的管理；Media 资源服务器用于存放各种类型和格式的培训课件资源并进行管理和发布。培训资源管理部门通过应用平台对全部信息及培训课件资源进行管理，教师录制的课件通过审查后直接上传到核心节点的 Media 资源服务器，并通过分发系统分发到各个区域中心 Media 资源服务器以保持资源同步，如图 6-2 所示。

(5)通过手持终端扫描系统优化快递企业的快件安全管理

快递收派员的手持终端系统主要有 EXP4 系统、PDA 系统等。该系统具有精确的 GPRS/CDMA 定位功能。将快件包装好用手持终端系统扫描后，快件的资料就会传输到公司的系统里，使客户或者公司的客服人员可以在系统里看到该快件的资料，从而能够追踪快件在传递过程中的位置。因为快件每到一个集散点都要经过该终端系统的重新扫描，经过扫描系统就能准确定位该快件所处的位置。快递公司通过这种方式，能够追踪到每一个快件，保证快件安全地到达客户手中。同时，客户也可以通过登录企业网站查询自己的快件目前所在的位置。

## 二、改善与客户的网络沟通

### 1.与客户网络沟通的意义

在互联网时代，随着人们生活节奏的加快，传统的面对面沟通已逐渐被其他的沟通方式所替代。这主要是因为面对面的沟通不仅需要沟通双方约定时间、地点，而且还需要为沟通花费

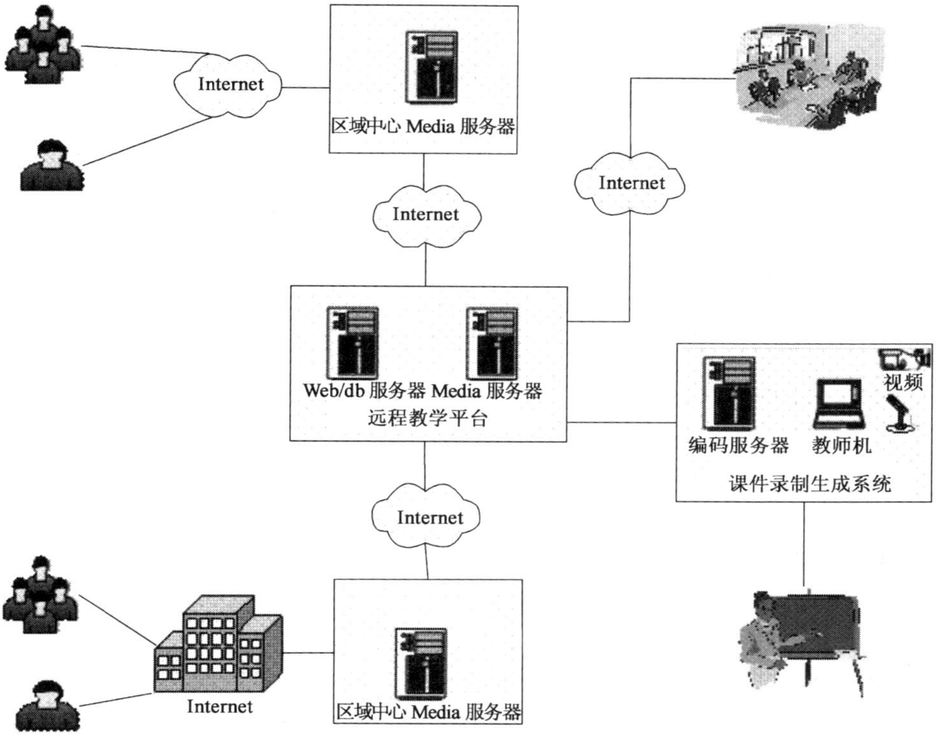


图 6-2　分布式广域网网络结构图

一定的时间。而企业与客户通过网络进行沟通和交流，就不受时间和空间的限制。对客户来说，可以利用工作的间隙登录快递企业的网站，把自己的投诉问题、咨询问题或者答谢等在企业的网站平台上留言，也可以发电子邮件到企业的邮箱。如果有些企业设有短信留言平台，客户还可以通过手机短信的形式表达自己的想法。随着第三代移动通信技术(3G)时代的到来，这种网络沟通方式完全可以通过客户的手机实现，将会更加方便。而对于快递企业来说，企业只要派少数工作人员维护网站，解答客户的投诉、咨询等问题就可以了。这不仅提高了人员利用率，也可以避免与客户当面沟通时出现的诸如情绪过于激动、处理不当等引发客户不满的问题。

2. 与客户进行网络沟通的类型和方法

一般来说，快递企业与客户网络沟通的类型主要有：投诉问题的处理、快递问题的咨询、一般的交流以及表示答谢等。这些沟通可以通过“常见问题解答”(Frequently Asked Questions，简称 FAQ)、E-mail、呼叫中心、公共论坛等平台来实现。

(1)FAQ 在网络沟通中的应用

FAQ 主要是为客户提供有关产品及企业情况等常见问题的解答，使他们能够迅速找到所需的服务信息，同时也能够引发客户随意浏览的兴趣。

实际上，企业可以对消费者提出的某个问题经过一段时间的讨论和研究后，就解决方案达成共识，把这些问题和答案汇总整理后，列在一起，制成页面或栏目，就形成现在的 FAQ。通过 FAQ，企业能够为每个消费者提供及时的日常服务。

FAQ 的设计主要是列出一些常见问题，即在自己企业的网站上建立 FAQ。列出企业常见问题对工作人员来说，是非常容易做到的。因为他们最了解这方面的情况，知道客户问得最多的问题是哪些，也知道问题的答案。更重要的是，他们能透过问题的表面，确定客户真正想要问的问题是什么。所以，只要把工作在服务第一线的人员聚集在一起，就能列出非常具体而又有意义的客户常见问题。

创建面向客户的FAQ可以分为两个层次：一层是面向新客户和潜在客户的，它提供的是企业、产品等最基本的问题及答案；另一层是面向老客户的，这些客户对企业已经有了相当多的了解，可向他们提供更深层次的详细的技术细节、技术改进等信息。采取这种分别对待的做法，可以使新客户、潜在客户感受到企业对他们真诚的支持和帮助，使老客户获得一种受到关注的感受。

(2)E-mail在网络沟通中的应用

E-mail(电子邮件)是用户或用户群之间通过国际互联网收发信息的服务，是一种网络用户之间快捷、简便、可靠且成本低廉的现代化通信手段，也是国际互联网上使用最多的服务之一。

利用E-mail进行沟通有方便性、广域性、快捷性、透明性、廉价性、全天候的特点。它的主要作用有以下方面：

①利用E-mail可与客户建立主动地服务关系。一是主动向客户提供企业的最新信息，如企业新闻、快件价格、新产品信息等；二是获得客户需求的反馈，将其整合到企业生产运作、销售、客户服务等营销组合系统中。

②利用E-mail传递单证。为了方便客户，快递企业可以允许客户以E-mail的方式发送快递订单到企业邮箱，订购快递服务。除利用E-mail下单外，客户还可以通过E-mail进行快递业务咨询、快递价格咨询、投诉等。

③利用E-mail进行营销。E-mail在电子商务发展中一直起着重要的作用，将成为一种发现并留住客户的有效手段。由于传统媒体(如电视和广播)缺乏针对性，且传统的直邮广告成本太高，利用E-mail开展营销越来越受到快递企业的青睐。由此，许多快递企业利用网上客户的E-mail地址，并根据客户在线填写的所需服务信息，以E-mail的形式进行回复，在为客户提供快递服务的同时，又同客户建立起了交互式通信，为进一步开展营销奠定了基础。

④利用E-mail处理客户投诉问题。客户还可以用发送E-mail的方式对某些问题进行投诉。企业在收到E-mail后，也可以用E-mail的方式把处理意见反馈给客户，并且还可以定期做回访，追踪整个事件的处理进程，体现客户关怀。

E-mail是国际互联网上使用最频繁的现代通信手段之一。企业每天都会收到许多E-mail，而来自客户的E-mail又代表了客户的心声和期盼。快递企业要利用E-mail搞好客户服务，就必须做好E-mail的管理。

①E-mail的分类管理。企业在客户服务中应将E-mail和FAQ结合使用，对常规的问题，只要让客户在FAQ中查阅即可，而对FAQ没有包括的问题，可进行分类管理。对于有些常见的问题，应在企业的数据库中事先准备好答案，以便迅速满足客户的需要；对于特殊问题，数据库中还没有现成答案，需要有关部门派专人解决。

②自动应答。在接收到客户的邮件信息后，为使客户放心，并说明邮件已经获悉，可以采取计算机自动应答器，实现对客户的自动答复。

③主动为客户服务。虽然互联网具有互动的特点，但是企业不能坐等客户前来询问，而应该采取主动措施，加强同客户的交流，主动了解客户需要什么服务。例如，利用E-mail主动给

客户发送有关快递服务的流程、快递传送的流程、快递价格、新的服务信息等，以增加客户对企业的了解。

(3)呼叫中心

呼叫中心(Call Center)是一种新型的基于CTI(计算机电话集成)技术的服务方式，它通过有效利用现有的各种通信手段，为企业客户提供高质量的服务。最初的呼叫中心只是个简单的电话系统(如800免费电话)，客户通过电话来获取快递企业的资讯信息，企业通过它来联络客户，并为客户提供快件下单、快件查询等服务。随着计算机网络技术的发展，呼叫中心的功能大大扩展，自动路由分配(ACD)、智能语音应答(IVR)、历时数据库的应用，使得呼叫中心的运营效率、服务效果大大提高。呼叫中心也成为快递企业与客户沟通的重要方式。呼叫中心在快递企业的网络沟通中发挥着重要的作用。

①充分互动。在电子商务时代，人们可能会过分依赖互联网的沟通方式而忽略了人和人的直接沟通，缺乏情感交流。而通过呼叫中心，客户的服务人员可以通过电话进行直接的交流。

②一站解决。通常情况下，客户为解决一个问题，不得不在企业各部门间往来转移，这是在考验客户的忍耐能力。而集中的呼叫中心接入给客户提供了一个明确的沟通串口，使其能够得到统一的标准服务和答案。

③提升客户价值。充满个性化的咨询服务、24小时全天候的电话服务，这些附加价值有助于客户解决问题，提高满意度。

④成为真正的价值信息中心。客户的基本信息、偏好、关心的话题、历史记录、抱怨、建议都能通过与呼叫中心的交流被及时地搜集整理，成为真正有价值的信息。

## 三、便利与客户的网络维护

1. 网络时代快递企业客户维护概述

(1)网络时代客户维护的含义

网络时代的客户维护是通过计算机管理企业与客户之间的关系，以实现客户价值最大化。其核心思想是将客户作为快递企业最重要的资源，通过深入的客户分析和完善的客户服务来满足客户的需求，建立稳定、庞大的快递客户资源群体，实现企业的最佳经济效益。

自从有了商务活动以来，客户关系就一直是商务活动的一个核心问题。客户一直被认为是商家的财神爷，人们一直以“笑脸相迎，笑脸相送”来维持与客户的关系。

随着网络经济的迅猛发展和全球经济一体化的到来，世界有多大，市场就有多大。但是有市场并不见得就有商机，只有有客户才能有商机。因此，建立、开发和维护客户资源就成为现代商战中的一种重要的竞争手段和创收能力。随着计算机技术的飞速发展，现代信息技术、网络技术的运用为客户维护提供了的现实可能性，客户资源已经成为企业的一种战略资源。

客户是快递企业生存和发展的基础，市场竞争的实质就是争夺客户资源。据《哈佛商业评论》的一项研究报告指出：1个满意的客户会引发8笔潜在的生意，其中至少有1笔成交；1个不满意的客户会影响25个人的购买意向；争取1位新客户的成本是保住1位老客户的5倍。各快递企业之间的竞争加大了赢得新客户的难度和成本，使越来越多的企业转向保持老客户。把营销重点放在获利较为丰厚的客户群上，即使不在新客户上投资，企业也能够实现大部分的盈利。因此，客户维护不仅要发展新客户，而且要维系现有客户。快递企业要在竞争中保持优势，采用信息化手段建设客户关系管理系统和以客户为中心的营销机制，是提升企业竞争能力的根本措施。

(2)寻求企业利润最优化是客户维护的根本目的

通过采用先进的客户关系管理系统,一方面,企业能够对客户信息进行全面的整合,在企业内部充分共享,从而为客户提供更快速周到的快递服务,吸引和保持更多的客户;另一方面,借助客户关系管理所蕴涵的先进管理理念优化企业的业务流程,把"满足客户明确的和隐含的需求"的经营理念贯彻到快递经营管理的全过程中,无论客户采取什么途径向企业发出任何联系信息,都能够像遇到老朋友一样对待,企业的每个部门都知道他寻求的目标、购买的习惯、付款的偏好和特殊的要求。由于客户的一切信息尽在掌握中,就能够有的放矢地提供及时、周到、满意的客户服务,使企业通过客户价值的最大化、客户服务的最优化来寻求市场开拓的最大化和企业利润的最大化。

2.建立与客户网络维护的方法

互联网极大地消除了企业与客户之间的时间和地理位置的限制,创造了让双方更容易接近和交流的信息机制。但是,互联网络不仅为企业提供了广阔的市场营销空间,同时也大大增加了客户方面的能力,重铸了工业时代形成的企业与客户之间的关系,即客户成为被追逐的一方。因此,能否掌握用户的特点,并提供符合用户需求的服务,就成为在网络时代下企业能否成功的前提。

1)网络时代客户的特征

(1)客户掌握主动权

网络环境是一种信息非常丰富的环境,客户会越来越多地认识到自己的需求,甚至探索自我实现新的需求的途径,而不仅仅依靠企业发现并满足客户的需求。随着网络的发展,这一点将愈显突出。

传统的渠道和媒体会向客户传递一些关于快递企业及其服务的信息,但在互联网上,客户不仅可以了解到关于快递企业的全部信息,也可以知道提供某种快递服务的相关快递企业的信息。这样,客户就可以自主选择为自己提供快递服务的企业。比如,通过搜索某种快递服务,可能会立即出现所有能提供这种服务的网址,包括企业的网站和含有相关服务资料信息的网站。客户完全可以依靠网络得到更多的需求信息,而且由于这些信息是客户主动去索取的,在客户心理上会有更高的可信度,从而影响其购买行为。

客户还可以通过互联网得到传统渠道难以得到的信息,如其他客户对服务的感受等。这进一步加强了其消费选择能力,使客户在根据需求选择企业和服务时变得更加主动。

(2)网络空间给予了客户更广泛的选择权

如果现实环境下快递服务的丰富多样已经提供了让消费者购买选择的较大余地,那么网络空间则使消费者获得了近乎无限制的广泛选择的便利。在网络环境下,客户的服务选择变得更加冷静、更加成熟。

在网上,客户可以从各个快递企业提供的各类快递服务中进行选择,而且选择的过程非常简单,客户只要在网上输入标识快递服务类型的关键字,然后从检索出的服务中进行选择就可以了。随着网络的发展,网络所能提供给客户选择的快递服务种类将不断增多,这种选择的便利性可能会进一步刺激客户对广泛选择的追求,通过"货比三家"使消费者得到更大的心理满足。

(3)客户的忠诚度下降

由于网上客户能获得更多的信息和更多的选择机会,所以在网上选择快递服务时,客户反而会变得更加现实，他们将会更加关注自己所选择的服务能否满足自己的要求以及服务的价格因素等。同时，客户转向的能力和冲动都会加强，而且实现转换的成本也很低，客户可以很轻易地从一个快递公司转向另一个快递公司。再加上各公司所提供的同类快递服务彼此间差异的不断缩小，必然使客户的选择容易变动。

(4)发展客户的成本高昂

在网上发展新客户和吸引老客户，需要比传统营销大得多的投入。虽然客户可以在网上搜索到关于快递服务的所有信息，并且能够在网上下单、网上付费，但是对大多数快递客户来说，通过电话下单或者直接去快递营业网点下单，仍然是他们接受快递服务的主要方式。这是什么原因造成的呢？归结起来，原因主要有以下几点：首先是客户的操作技术方面的问题。客户若通过网络接受快递服务，首先需要搜索快递服务，选中目标后还要进行网上的下单以及网上的付款，对部分客户来说，他们可能不懂这些操作。其次是客户的观念问题。虽然互联网在中国已非常普遍，但是对于很大一部分客户尤其是年龄层次偏大的客户来说，他们仍然无法接受在网络这样一个虚拟的世界里进行实际的交易，而是宁可在现实生活中通过与收派员联系或者直接去服务网点下单接受快递服务。对他们来说，这样会在心理上感到更加可靠。综合上述两方面的原因，目前在网上发展新客户和吸引老客户的成本比传统的营销方式要高得多。

总之，在网络环境下，客户将以更强大的力量影响企业。幸运的是，网络为企业与客户进行实时交流信息提供了非常便利的条件。因此，快递企业需要利用网络与客户建立亲密的联系，维护并发展客户。

2)建立与客户网络维护的方法

快递网络服务的过程总是伴随着客户和企业服务接触的全过程，分为售前服务、售中服务和售后服务。售前服务是利用互联网把快递企业服务的有关信息发送给目标客户，包括主要服务内容、服务价格等；售中服务是为客户提供快递咨询、快递下单、快递派送、快递费用结算等服务；售后服务的主要内容则是为客户提供快递查询，接受并处理客户的快递投诉问题，获取客户对快递服务的反馈，以及寄发服务改进或升级的信息等。

在网络时代，快递企业要利用网络，在快递服务的售前、售中和售后做好客户服务，达到维护和发展客户的目的。

(1)网上售前服务

快递企业网络营销售前服务主要是提供信息服务。快递企业提供售前服务的方式主要有两种：一是通过自己的网站宣传和介绍服务信息。这种方式要求企业的网站必须有一定的知名度，否则很难吸引客户注意。二是通过网上虚拟市场提供快递信息。快递企业可以免费在网上发布快递信息广告。除了提供服务信息外，还应该提供快递相关信息，包括快递服务的价格和其他快递企业同类服务的相关信息。为方便客户下单，还应该介绍如何下单、如何查询以及相关注意事项等信息。总之，提供的信息要让准备下单的客户“胸有成竹”，使他们对快件的安全完全放心。

(2)网上售中服务

网上售中服务主要是指快递销售过程中的服务。这类服务是指快递服务的买卖关系已经确定，等待快递产品送到指定地点过程中的服务，如了解订单执行情况、快递运输情况等。在传统的快递客服部门中，有30%～40%的资源是用于应对客户对快递传递执行情况的查询和询问。这些服务不但浪费时间，而且非常琐碎，难以给客户满意的回答，特别是一些跨地区的快递传输，客户要求查询快递执行情况的比例更高。而网上客户服务的一个特点是突破传统市场对地理位置的依赖和分割，因此网上售中服务对快递企业来说是非常重要的。在设计企业网站时，不仅要提供网上下单的功能，还要提供快递查询功能，方便客户及时了解快递传递情况，同时减少因客户不断咨询服务人员而花费的成本。

如国内某快递企业通过其高效的邮件快递系统，将邮件在递送中的中间环节信息都输送到计算机的数据库，客户可以直接通过互联网从网上查找邮件的最新动态。客户可以在两天内登录网站查看其包裹的具体位置、投递不成的原因、在什么时间会采取下一步措施，直至收件人安全地收到包裹为止。客户不用打电话去问任何人，上述服务信息都可在网上获得，既可让客户免于为查邮件而奔波查询，同时又可使公司大大减少邮件查询方面的开支，实现企业与客户的共同增值。

(3)网上售后服务

网上售后服务就是借助互联网直接沟通的优势，以便捷方式满足客户对快递服务帮助、投诉、反馈的需求。快递网上售后服务有两类：一类是基本的网上快递服务投诉和服务质量反馈；另一类是企业为满足客户的附加需求而提供的增值服务。快递企业推出网上售后服务，具有以下优点：

①便捷性。网上的服务是24小时开放的，用户可以随时随地上网寻求支持和服务，而且不用等待。

②灵活性。由于网上的服务是综合了许多技术人员知识、经验和以往客户出现问题的解决办法，因此用户可以根据自己的需要从网上寻求相应的帮助，同时可以学习其他人的解决办法。

③低廉性。网上售后服务的自动化和开放性，使得快递企业可以减少售后服务和技术支持人员，大大减少不必要的管理费用和服务费用。

④直接性。客户通过上网可以直接寻求服务，避免通过传统方式经过多个中间环节才能得以处理。

如果快递客户对快件的送达时间不满意，可以在网上投诉，提出对快递服务质量的不满，快递网站的工作人员也可以在网上对客户提出的问题作出答复。另外，快递网站还可以在网上发出公告，如最近有哪些新的服务推出、价格如何等。

## 四、建立与客户交流的虚拟社区

客户购买产品后，一个重要的环节就是购买后的评价和体验，面对客户的不满足，企业可以采取一定的措施和行动进行平衡。企业设计网上虚拟社区就是让客户在购买后既可以发表对产品的评论，也可以提出一些针对产品的经验，也可以与一些使用该产品的其他客户进行交流。营造一个与企业的服务或产品相关的网上社区，不但可以让客户自由参与，同时还可以吸引更多潜在客户参与。

### 1. 虚拟社区概述

(1)虚拟社区的含义

所谓虚拟社区是指一群主要通过计算机网络彼此沟通的人们，他们彼此有某种程度的认识，分享某种程度的知识和信息，在很大程度上如同对待朋友般彼此关怀，从而所形成的团体。

虚拟社区至少具有以下四个特性：

①虚拟社区通过计算机、移动电话等高科技通信技术为媒介得以存在，从而区别于现实社区；

②虚拟社区的互动具有群聚性，从而区别于两两互动的网络服务；

③社区成员身份固定，从而区别于由不固定的人群组成的网络公共聊天室；

④社区成员进入虚拟社区后，一定能感受到其他成员的存在。

虚拟社区的类型根据沟通的实时性，可以分为同步和异步两类：同步虚拟社区，如网络联机游戏；异步社区，如 BBS（电子公告牌系统）等。虚拟社区最重要的几种形式有 BBS、USENET（世界性的新闻组网络系统）、MUD（多人参与游戏）。在国内逐渐形成了以 BBS 为主要表现形式，结合其他同步、异步信息交互技术形成的网络化数字化的社区形式。

社区是指进行一定的社会活动，具有某种互动关系和共同文化维系力的人类群体及其活动区域。虚拟社区，从网络技术的角度来看，又称为 BBS（Bulletin Board System 的缩写）、论坛。虚拟社区与现实社区一样，也包含了一定的场所、一定的人群、相应的组织、社区成员和一些相同的兴趣、文化等特质。而最重要的一点是，虚拟社区与现实社区一样，提供各种交流信息的手段，如讨论、通信、聊天等，使社区居民得以互动。但同时，它也具有自己独特的属性。

（2）虚拟社区的属性

首先，虚拟社区的交往具有超时空性。通过网络，人们之间的交流不受地域的限制，只要你有一台计算机、一条电话线，就可以和世界上任何地方同样具备相应硬件条件的人畅所欲言了。可能有人会说，电话也具备这种功能啊。但是，在虚拟社区中聊天的成本比打国际长途聊天的成本要低得多。同时，通过虚拟社区聊天还可以不受时间的限制，如今天发一个帖子，不一定会有人回，但几天以后可能有很多人会对所发的帖子发表看法。

其次，人际互动具有匿名性和彻底的符号性。在虚拟社区里，网民用 ID 号标识自己。ID 号依个人的爱好随意而定。由于互相不能看到对方的“庐山真面目”。所以，传统的性别、年龄、相貌等在虚拟社区里可以随意更改。人们可以自由地发表言论，提出自己的观点、看法。自由、平等、民主、自治和共享是虚拟社区的基本准则。

最后，人际关系较为松散，社区群体流动频繁。社区的活力主要靠“人气”和点击率，吸引这些的主要是看社区的主题是否适合大众口味。

（3）虚拟社区提供的主要功能

①社区通信。社区为每一个居民都提供了电子信箱，居民可以使用该信箱收发邮件，相互通信，有利于非同时在线时居民之间的交流。有的大型论坛提供手机短信发送功能，更方便了网民之间的交流。

②聊天服务。虚拟社区为居民提供了两种实时交互的聊天服务。第一种方式是聊天广场，任何人都可以自由出入，谈话的内容也不受限制。第二种方式是聊天室，聊天室的开设者是这个房间的主人，他可以控制谈话的内容，也可以对聊天的人进行取舍。

③张贴讨论。这是虚拟社区最基本、也是最主要的功能之一。居民可以在社区中主要以文字的形式自由地表达自己的思想，如提建议、讨论、提问、回答问题等，这些最终都以张贴文章（帖子）的形式出现。目前，国内的许多社区系统还允许居民在帖子中加入文件上传、贴图、表情动作等功能。这样一来，帖子就变得丰富多彩、生动活泼。

④投票。居民在社区就某一问题发起投票或进行投票，从而对社区居民进行民意调查。同时，居民在投票的过程中也张贴讨论，表明自己的观点。这种投票要比现实的投票透明、民主、公开。其结果也真实地反映了网民的偏好。

*2.建立与客户交流的虚拟社区的作用*

对快递企业来说，可以在企业网站上专门开辟一个可以让客户自由交流的虚拟社区。任何使用过该公司快递服务的客户或者正准备使用该公司快递服务的客户都可以在这个社区里交谈。开辟这样一个虚拟社区对快递企业来说有以下几个好处。

(1)有利于快递公司了解客户对本公司服务质量的评价

使用过该公司快递服务的客户可以在社区上通过交流,交换彼此对该公司快递服务的感受,如有哪些好的方面,有哪些不好的方面,要注意什么以及有什么样的建议,都可以通过论坛尽情地述说。快递企业通过对论坛上客户交流内容的查看,可以了解客户的心声,了解公司的服务状况,对公司的服务有什么地方受到客户好评、有什么地方还需要改进都可以有一个详细的了解,从而有针对性地改进服务质量,追求客户的满意服务。

(2)有利于快递公司拓展新客户

对于从未使用过该公司快递服务的客户来说,他可以通过浏览该公司网站的社区了解其他客户对该公司快递服务的评价,从而作出自己的判断。对于已经使用过该公司部分快递服务的客户来说,他也可以通过社区了解该公司的其他快递服务。

对于快递公司来说,建立这样的虚拟社区可以摆脱时间、地域的限制,与客户进行交流。对于客户在社区里争议比较大的问题,还可以在论坛上答复客户。当然,快递公司需要专门派一名工作人员对社区进行维护,对一些过激的或者对公司不利的言论,应及时清除、制止。

## 第三节　快递市场网络营销

### 一、快递市场网络营销概述

1. 网络营销的概念和功能

与许多新兴学科一样,“网络营销”同样也没有一个公认的、完善的定义。广义地说,凡是以互联网为主要手段进行的为达到一定营销目标的营销活动,都可称为网络营销。也就是说,网络营销贯穿于企业开展网上经营的整个过程,包括信息发布、信息收集,到开展网上交易为主的电子商务阶段,网络营销一直都是一项重要内容。

从“营销”的角度出发,可将网络营销定义为:网络营销是企业整体营销战略的一个组成部分,是建立在互联网基础之上、借助于互联网特性来实现一定营销目标的所有相关活动的总称。据此定义,可以得出下列认识。

(1)网络营销不是网上销售

网上销售是网络营销发展到一定阶段产生的结果,网络营销是为实现销售的目的而进行的一项基本活动,但网络营销本身并不等于网上销售。这可以从以下两个方面来说明:

①网络营销的效果可能表现在多个方面,如企业品牌价值的提升,加强与客户之间的沟通。作为一种对外发布信息的工具,网络营销活动并不一定能实现网上直接销售的目的,但是有利于增加销售。

②网上销售的推广手段也不仅仅靠网络营销,往往还要采取许多传统的方式,如传统媒体广告、发布新闻、印发宣传册等。

(2)网络营销不仅限于网上

这种说法也许会令人费解:不在网上怎么进行网络营销?这是因为互联网本身还是一个新生事物。在我国,上网人数占总人口的比例还很小,即使对于已经上网的人来说,由于种种因素的限制,在互联网上通过一些常规的检索办法,不一定能顺利找到所需信息,何况对于许多初级用户来说，他们可能根本不知道如何去查询信息。因此，一个完整的网络营销方案，除了在网上作推广之外，还要利用传统营销方法进行网下推广。这可以理解为关于网络营销本身的营销，如关于广告的广告。

(3)网络营销建立在传统营销理论基础之上

因为网络营销是企业整体营销战略的一个组成部分，网络营销活动不可能脱离一般营销环境而独立存在，网络营销理论是传统营销理论在互联网环境中的应用和发展。网络营销与传统的市场营销既有区别，又有联系。网络营销理论是传统的市场营销理论在网络市场这个新环境下的发展，我们不能照搬市场营销的理论，也不能完全摒弃市场营销理论。把市场营销理论的精华应用在网络这个新兴的竞争环境中，并在实践中不断发展和完善，就是网络营销。

(4)网络营销在现代营销体系中有着举足轻重的地位

网络被称为继报纸、广播、电视等媒体后的第四媒体，这种媒体在人们的日常生活中作用越来越明显，随着网络时代的到来，新的网际生活方式正在悄然形成。而网络营销的影响会随着网络的发展越来越大，网络营销给企业带来更多的商机、更多的利润。而对于一些企业来说，网络营销决定企业的发展步伐、发展方向，甚至是生死存亡。在激烈的市场竞争中，忽视网络营销就会错过发展机遇，重视网络营销就会在竞争中脱颖而出。

对于国内网络营销的服务市场的发展，国内企业对网络营销的认知正在从概念走向务实。随着国内互联网的日益成熟，特别是搜索引擎营销服务的普及，越来越多的企业从搜索引擎里获得大量新客户，越来越多的企业尝到"按效果付费"这种网络营销的服务收费方式的甜头。所以，国内企业已越来越认可网络营销的不是建一个网站或者买一套系统，而是需要实实在在的从互联网上获得到更多潜在客户，最终提升企业自己的销售额。

2. 网络营销的理论基础

传统的营销理论的行为学派把消费者看成一个黑箱，只要决策人能够设计适当的以推销产品为中心的"4P"(Product Price Place Promotion，即产品、价格、渠道、促销)营销策略组合，就能够影响消费者的购买行为。而在网络时代，新的营销组合将从如何能更有效地吸引消费者注意力入手，并由此衍生出以满足客户需求为中心的"4C"(Consumer Cost Convenience Communication，即客户、花费、方便性、沟通)营销组合。产品策略(Product)源于研究消费者的需求(Consumer)；把研究满足消费者需求愿意付出的成本(Cost)作为定价(Price)策略的依据；选择渠道(Place)更加注重如何能提供给消费者便利(Convenience)；促销策略(Promotion)立足于加强与消费者的联络(Communication)。网络营销正是建立在这种现代营销理论基础之上、贯穿在企业经营的整个过程中的现代营销方式，包括市场调查、客户分析、产品开发、生产流程、销售策略、售后服务、反馈改进等环节。

从商品供求的角度，网络营销过程包括商品或服务从设计创造到销售和消费实现的全过程。在这个过程中，存在着种种时间或空间、意识或技术上的障碍。而进行网络市场营销，就可以在一定程度上排除这些障碍。比如，企业可以通过 Internet 进行充分的市场调查，从而可以更好地了解市场需求，开发满足客户要求的产品，设计有效的经营方案；还可以通过 Internet 了解企业自己产品的市场现状和竞争对手的情况，不断改进经营管理，实现竞争优势，增加企业收益。再比如，通过使用在线广告的手段，使产品信息迅速送达到必要的网络受众，以吸引消费者和使用者的注意力，推介商品与服务，促成和引导交易实现。网络营销的价值在于可以使从生产者到消费者的价值交换更便利、更充分、更有效率。它的独特之处在于利用网络手段与技术，面向特殊的网上市场环境。网络对于企业来说，是重要的机遇。网络强大的通信能力和电子商务系统便利了商品交易条件，改变了原有市场营销理论的基础。在网络环境下，时间和空间的概念、市场的性质和内涵、消费者行为方式都在发生着深刻的变化。因此，企业应根据信息化社会的营销环境和技术特点来制订自己富于进取的营销战略。

网络技术的发展和网上市场的迅速扩展，给企业营销创新留下了广阔的空间。联网通信技术、网页技术、数据库技术等的实现和提高，不断为企业经营者和网络营销者开拓无限的想像空间。

3. 网络营销与电子商务的区别与联系

网络营销与电子商务的关系是什么呢？IBM公司认为，电子商务是采用数字化电子方式进行商务数据交换和开展商业活动，是在互联网的广阔联系与传统信息技术系统的丰富资源相结合的背景下产生的相互关联的动态商业活动。企业发展电子商务的目的在于五个方面：提高运营成绩、缩减经营成本、加速产品上市、提高工作效率以及更好地服务客户。企业实施电子商务分三步走：企业内部的互联（Intranet）、企业与企业的互联（Extranet）、电子交易（E-commerce）。

由此可见，电子商务最基础的一点就是交易方式的电子化。广义的电子商务是指包括电子交易在内的、利用 Web 进行的全面商业活动。而网络营销是指企业以现代营销理念为基础，利用因特网（包括企业内部网和外部网）技术和功能，最大限度地满足客户需求，以达到开拓市场/增加盈利为目标的经营过程。简单地说，网络营销就是以互联网作为传播手段，通过对市场的循环营销传播，满足消费者需求和商家需求的过程。

因此，网络营销与电子商务的概念差别在于：网络营销属于电子商务的一部分，电子商务是利用互联网进行各种商务活动的总和，必须解决与之相关的法律、安全、技术、认证、支付和配送等问题。如果说电子商务的本质是信息的交流与沟通（包括外部客户的、内部运作的和后端供应链的等），最终目的则是实现整个交易过程的电子化，那么网路营销的活动内容在于如何利用互联网和企业网站做好与客户的信息交流。

4. 网络营销的核心标准

目前，作为电子商务核心的网络营销，掀起了网站建设新的高潮。以往大多数企业网站只是注重展示，营销性不强，而当今企业建设网站考虑的更是营销，只有以营销为导向的网站，才能更好地为企业创造更大的利益。据网络营销学者的统计分析，营销型网站最显著的参考标准有以下十条。

（1）方便和易于维护的网站内容管理系统

企业网站建设经历了 html 纯静态页面和动态的 ASP 页面。前一个有利于优化，但不利于维护；后一个利于维护，但不利于优化。因此，现在需要可以操作的动态后台，而前台则可以生成静态 html。方便和易于管理的网站系统，可以减少企业的维护成本，增加网站内容和进行快捷的网站维护。

（2）友善的用户体验

首先需要强调的是营销型网站是以营销为目的的网站。因此，让客户在浏览网站时获得友善的用户体验，对于营销的效果会产生很大的影响。如何获得用户的好评呢？减少网页打开的时间，导航明确，没有死链接，页面之间有良好的链接等，都能增加客户对网站的好感，从而增加网站的访问量，获得良好的营销效果。

（3）良好的搜索引擎表现

获得较高的搜索引擎排名，是网站推广的重要方法之一。因此，在企业网站的建设中要考虑是否对提升搜索引擎排名有着较好的作用。为了达到这个目的，网站的每个页面要有相对应的标题、关键词和描述等。

(4)完好的内容支持

对于营销型网站，要有完好的网站内容，以更好地促进客户进一步了解企业的产品或服务。另外，对客户的常见问题要进行及时的解答，这些内容都可以提高网站的营销宣传效果。

(5)强大的在线沟通功能

对于营销型的网站来说，要利用网络的交互性，更好地为营销服务，如要有在线的QQ、在线的客服、在线的留言回答等。

(6)完善的网站监测

作为营销型的网站，需要有完善的网站监测。因此，对网站的来源、客户的信息进行详细的统计特别重要。这样可以跟踪到客户的动向，对于企业的网站的效果统计，还可以对网站进行进一步改善与调整。

(7)比较高的客户信任度

对企业网站来说，要提高自己的公信力，需要有一些有说服力的东西，如相关的证件和证书、相关的媒体报道、企业地址和产品等真实的图片，还要有以往用户的案例，这些都应放到网站上去。只有让他们信任你的网站，才可能让客户在网站上消费。

(8)详细的联系方式

对于营销型的网站，要有企业详细的联系方式、地址的地图，以方便企业与客户联系和让客户找到企业。

(9)在线支付和购买功能

在线支付和购买，以更好地方便网站营销，更好地促进客户消费。如果在自己的网站不方便操作，可以借助第三方平台。

(10)完善的网站营销流程

对于网站营销的流程，需要有详细的介绍和说明，便于客户操作或在线完成营销。

## 二、快递市场网络营销的特点

1. 市场的全球性

营销的最终目的是占有市场份额。以往的任何一种营销理念和营销方式，都是在一定的范围内去寻找目标客户。由于互联网具有超越时空限制进行信息交流的特点，使得时间和地域的概念对于网络营销不再受限制。所以，网络营销可以超越时空限制，在全球范围内去寻找目标客户，使企业跨时空的交易成为可能。

目前，全球几乎所有的国家和地区都已接入了互联网，网络提供了一个真正意义上集中所有的生产者和消费者的世界市场。网络既是信息资源的海洋，又是商家展示自己的数字广告媒体，受众范围极广，选择余地也更加广阔。一个站点的信息承载量可以大大超过公司印刷宣传品所传递的信息，无时间、地域限制。从这一角度看，无论是大型企业，还是中小型企业或者个人，都可以从因特网上获得无限商机。

2. 企业与客户的交互实时性

互联网不仅可以展示商品信息、连接商品信息，更重要的是可以实现和客户互动双向沟通，收集客户反馈的意见、建议，从而切实、有针对性地改进产品与服务，提供高效和优质的客户服务。

网络具有一对一的互动特性，这是对传统媒体面对大量“受众”特征的突破。访问者在浏览网页时，能够在线提交Form表单或发送E-mail，企业与客户可以进行实时在线会议等。这些网络特有的功能使企业能够在很短的时间里与客户进行交流，并根据客户的要求和建议及时作出积极反馈。从营销的角度讲，网络上生产者和消费者进行一对一的互动沟通，了解客户的要求、愿望及改进意见，将工业时代大规模生产导致的大规模营销改进为小群体甚至个体营销，根据消费者意愿提供小批量、特性化的商品和服务，以满足消费者价值取向，迎合消费者各异的多元化生活方式，真正实现了消费者的个性回归，迎合了现代营销观念的宗旨。

3. 企业与客户的高效性

互联网上有大量的信息提供给消费者查询，可以传送的信息数量与精确程度远远超过其他媒体，能够顺应市场的需要，即时更新产品和价格，即时有效地了解并满足客户的需求。

网络极大地缩短了企业与客户沟通和贸易进程。企业在通过网络进行商业应用时，可能会针对市场变化经常有一些策略调整，商业站点的结构也会有所调整。因为网络没有时间、地域的诸多限制，站点结构调整实现起来也就很轻松。网络广告在尺寸上可以采取旗帜广告、巨型广告，在技术上还可以用动画、flash、游戏方式，在形式上可以在线收听、收看、试玩、调查等，可以集各种传统媒体形式的精华，通过统一的标准和格式在各相关部门的计算机间任意交换、传输和自动处理。这种精确、快速的方式，省时省事，提高了效率，从而达到传统媒体无法具有的效果。

4. 明显的经济性

通过互联网进行信息交换，代替以前的实物交换，使得网络营销具有快捷性，极大地降低经营成本，提高企业利润。促成网络营销经济性的原因有很多，如资源的广域性，地域价格的差异性，交易双方的最短连接性，市场开拓费用的锐减性，无形资产在网络中的延伸增值性以及所有这一切对网络营销经济性的关系和影响，都将极大地降低交易成本，给企业带来经济利益。

在传统的营销方式中，大量的人力物力资源耗费在这些中间环节和渠道上，网络营销利用Internet使交易过程的中间环节和渠道日益成为多余，互联网广告的发布次数和效果均可以由技术手段精确统计，极大地降低了企业成本，提高了交易效率，优化了全球范围内的资源配置。

5. 资源的整合性

在网络营销的过程中，将对多种资源进行整合，将对多种营销手段和营销方法进行整合，将对有形资产和无形资产的交叉运作和交叉延伸进行整合。无形资产在营销实践中的整合能力和在多种资源、多种手段整合后所产生的增值效应，也是对传统市场营销理念的重大突破和重要发展。

6. 市场的冲击性

由于网络营销的冲击性及很强的市场穿透能力，使网络营销在冲击时是主动的、自觉的。无论是在信息搜索中的冲击，还是在信息发布后的冲击，都在创造一种竞争优势，在争取一些潜在商机，在扩大着既有优势的范围。

## 三、快递网络营销的职能

1. 企业与客户互动交流功能

互联网的发展为企业与客户之间提供了进行互动交流的平台。在网络营销中，客户可以利用多种搜索方法，主动、积极地获取有关快递企业的有用的信息。他们会主动地将各个快递企业提供服务的价格进行比较，主动地了解企业的服务质量，主动地通过搜索获取相关情报，然后进行决策研究。与此同时，企业也可以通过互联网发布信息。在网络营销中，各个快递企业可以把自己公司的服务信息发布到全球任何一个地点，既可以实现信息的广覆盖，又可以形成地毯式的信息发布链。信息的扩散范围、停留时间、表现形式、延伸效果、公关能力、穿透能力都是最佳的。更加值得一提的是，在网络营销中，企业在网上将信息发布以后，可以能动地进行跟踪，可以进行与客户回复后的再交流和再沟通。

对快递企业来说，这种企业与客户之间的互动交流可以贯穿到客户接受快递服务的全过程，具体可以从售前、售中、售后这三个阶段来说明。客户首先通过快递企业发布的服务信息在企业网站上预订快递服务，快递公司接收了客户的快递服务要求。接着在快件的传递过程中，客户可以通过公司网站追踪查询自己的快件，可以通过网上的留言等形式表达自己的要求，公司方面可以针对客户的留言作出回应，有些企业就开通了 24 小时在线回复服务。最后等客户收到快件后，若是快件出现了质量问题或是客户对快件的递送速度不满意，也可以到公司网站上进行投诉，公司会针对这些问题作出相应的处理，同时也能即时了解本公司的服务质量。

2. 品牌价值扩展和延伸功能

美国广告专家莱利·莱特预言：未来的营销是品牌的战争，拥有市场比拥有工厂更重要。拥有市场的唯一办法，就是拥有占市场主导地位的品牌。

互联网的出现，不仅给企业品牌带来了新的生机和活力，而且推动和促进了品牌的拓展和扩散。实践证明，互联网不仅拥有品牌、承认品牌，而且对于重塑品牌形象、提升品牌的核心竞争力、打造品牌资产，具有其他媒体不可替代的效果和作用。

3. 客户关系维护与管理功能

客户关系管理，源于以客户为中心的管理思想，是一种旨在改善企业与客户之间关系的新型管理模式，是网络营销取得成效的必要条件，也是企业重要的战略资源。

在传统的经济模式下，由于认识不足或自身条件的局限，企业在管理客户资源方面存在着较为严重的缺陷。针对上述情况，在网络营销中，通过客户关系管理，将客户资源管理、销售管理、市场管理、服务管理、决策管理融于一体，将原本疏于管理、各自为战的计划、销售、市场、售前和售后服务与业务统筹协调起来，既可跟踪订单，帮助企业有序地监控订单的执行过程，规范销售行为，了解新老客户的需求，提高客户资源的整体价值，又可以避免销售隔阂，帮助企业调整营销策略，收集、整理、分析客户反馈信息，全面提升企业的核心竞争能力。客户关系管理系统还具有强大的统计分析功能，可以为企业提供“决策建议书”，以避免决策的失误，为企业带来可观的经济效益。

4. 提供特色服务功能

网络营销所提供的不是一般的服务功能，而是一种特色服务功能，服务的内涵和外延都得到了扩展和延伸。

客户不仅可以获得形式最简单的 FAQ、邮件列表、BBS、聊天室等各种即时信息服务，还可以获取在线收听、收视、订购、交款等选择性服务，节假日的紧急需要服务和信息跟踪、信息定制直到智能化的信息转移、收集接听服务及网上选购、送货到家的上门服务等。这种服务以及服务之后的跟踪延伸，不仅极大地提高了客户的满意度，使以客户为中心的原则得以实现，而且客户成了商家的一种重要的战略资源。

5. 经济效益增值功能

网络营销可极大地提高营销者的获利能力，使营销主体提高或获取增值效益。这种增值效益的获得，不仅在于网络营销效率的提高、营销成本的下降、商业机会的增多，更在于在网络营销中，新信息量的增加会使原有信息量的价值实现增值或提升其价值。这种无形资产促成价值增值的观念和效果，既是前瞻的，又是明显的，是多数人尚不认识、不理解、没想到的一种增值效应。

网络营销明显的资源整合能力，恰恰为这种信息的累加提供了现实可能性。这是传统营销根本不具备又无法想象的一种战略能力。

## 四、快递企业常用网络营销方法

快递企业的网络营销方法一般有站点营销方案和非站点营销方案两种。

1. 站点营销备选方案

已有独立域名的快递企业应整合企业现有网站资源，进行站点推广。要解决网站访问量小的问题的途径就是进行一系列网站推广活动。一般网站推广途径有以下几种。

(1)利用电子邮件

电子邮件营销被证明是一种效果最好的网上营销工具，据统计其反馈率在5%～15%，远远高于标志广告的回应率。据研究结果表明，每年有2 000亿次商业活动是通过电子邮件进行的。电子邮件营销已经受到广泛重视，许多B2B电子商务企业也在利用电子邮件进行营销。

电子邮件营销不是随意向潜在客户发送产品信息，而是基于事先征得用户许可的“软营销”方式，所以也常称为许可电子邮件营销。其基本思路是：通过为客户提供某些有价值的信息，如时事新闻、最新产品信息、免费报告以及其他为客户定制的个性化服务内容，吸引客户参与，从而收集客户的电子邮件地址(邮件列表)，在发送定制信息的同时对自己的网站、产品或服务进行宣传，在本公司没有条件实施邮件列表的情况下，也可以通过向第三方购买电子邮件地址、与第三方合作等方式开展电子邮件营销，或者委托专业的电子邮件营销服务公司。

电子邮件是站点推广的主要方法之一，首先要从一些网络服务商那里获取一些电子邮箱地址，然后制作一个非常精美的网页，网页上应该有企业的产品和服务，应该有电子签名档，直接链接可以进入公司网站主页。然后利用群发软件，按从网络服务商那里获取的邮箱地址发送广告，然后统计一下通过电子邮件广告浏览网站的那些用户的基本资料。对于曾经访问过网站的用户，可以继续发电子邮件广告，而对于对广告无动于衷的用户，就没必要再发送了。这样可以争取到更多的浏览量，最好能把访问者留住，如果访问者能成为公司网站论坛的会员，那么网站推广的目的就实现了。用电子邮件推广网站的方法效果比较明显，但为了获得大量有效的邮箱地址，则需要花费一些成本。

(2)注册搜索引擎

搜索引擎实质上是用于一个查询网站的数据库。当人们在搜索引擎中输入关键词进行查询时，搜索引擎根据自己的排名机制，扫描数据库中的数以百万计的网页，然后根据其与关键词的相关程度，来决定网页的排名，并显示在反馈结果中。搜索引擎是人们发现新网站的主要手段，所以当一个网站建成并正式发布之后，首要的推广任务就是向各大搜索引擎登记。如果网站的潜在客户不仅限于国内，除了向国内主要的搜索引擎登记之外，还要向国外的搜索引擎登记。

注册搜索引擎的数量固然重要，但搜索引擎结果的排名对增加网站的访问量更加重要。如果结果在第三名甚至几百名之后，那么就很难指望别人发现你了。因此，在设计网站时就应该考虑到登记搜索引擎的需要，对网站设计进行优化。

搜索引擎是人们最常用的检索工具，当输入关键字检索后，如果网站的主页能出现在检索结果的前列，那么对提高网站的访问量是非常有帮助的。目前，国内主要的搜索引擎有百度、Google、搜狐、新浪、TOM、网易等。在这些搜索引擎上注册，对提高企业网站的访问量是非常有效果的。当然，这些并不全都是免费的，有些网站需要支付一定的费用才能访问，但这些花费对一个企业来说并不高。在搜索引擎上注册是提高企业网站访问量的最有效的途径。

通过调查发现(图 6-3)，企业最认可的网络推广手段是搜索引擎，比率高达 75.30%，远远超出其他网络营销手段。其中，网络黄页占 2.42%，在线图片广告占 2%，电子邮件推广占 3.1%，中文网址类占 3%，文字链广告和网上交易平台各占 1%。在接受调查的企业当中，目前有 50.14%的企业已经或打算购买百度的搜索引擎服务，有 24.13%的用户已经或打算购买 Google 的搜索引擎服务，而百度竞价排名的效果要远远领先于其他同类产品。

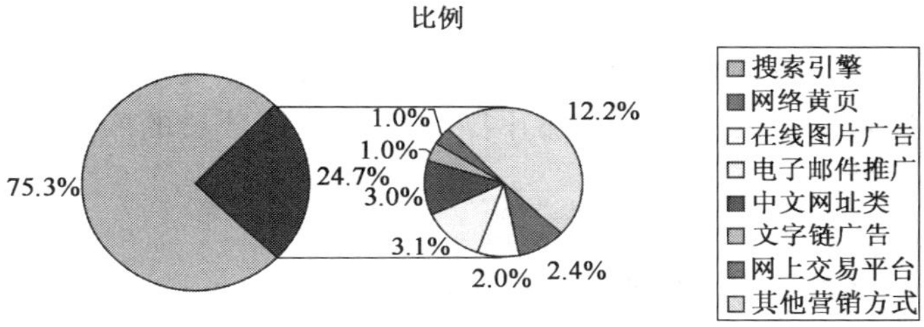


图 6-3 企业最认可的网络推广手段调查

(3)提供免费服务

很多网站为了获得高浏览量，在自己的网站上提供了很多免费服务，如在线游戏、免费下载、免费信息服务等。提供这些免费服务，需要较大的投入，所以并不是所有企业都有必要提供给访问者大量的免费服务。

(4)利用传统媒体

可以利用书刊、报纸、广播、电视等传统媒体给公司的网站做广告。目前，这些传统媒体上网站的广告并不多，但效果很好，不过传统媒体广告费用很高，需要有较大投入。

(5)申请链接

交换链接(也称互惠链接)是一种增加网站曝光机会从而提高访问量的有效方式，而且交换链接数量的多少也是搜索引擎决定你的网站排名的一项参数。因此，交换链接被认为是网络营销的一项重要手段，也是评价网络营销效果的一项标准。

实现交换链接的方法是寻找与自己的网站具有互补性、相关性或者潜在客户的站点，并向它们提出与你的站点进行交换链接的要求，在自己的网站上为合作伙伴的站点设立链接，通常有图片链接及文本链接两种形式。由于文本链接占用字节少且不影响网页整体效果而被广泛采用。

互惠链接还可以增加网站的“质量”。因为一个网站不可能大而全，但为了给用户提供“完整”的方案，一个解决办法就是建立互惠链接。这也是被业界证明的。网站应该有特色，有核心业务，外延部分应该外包出去，可以“交给”互惠链接。

在选择链接对象时，应该有一定的标准。因为建立友情链接不仅仅是为了增加访问量，还应对网站内容起补充的作用，以便更好地服务用户。如果链接了大量低水平的网站，会降低访问者对你网站的信任，甚至会失去潜在客户。

(6)网络广告

网络广告是一种常用的网站推广手段，是利用超文本链接功能而实现的一种宣传方式。常见的网络广告有标志广告(BANNER)、文本广告、电子邮件广告、分类广告等多种形式。其中，标志广告又是最通用的，因此有时也将网络广告等同于标志广告。

标志广告通常以GIF、JPG等格式建立图像文件，插入在网页中来表现广告内容，同时还可以实用Java等语言使其产生交互性，用户点击标志广告后通过超级链接到达广告所要宣传的内容页面。据统计，标志广告的平均点击率在1%左右。与传统媒体相比，网络广告有着独特之处，如成本低廉、不受地理区域限制、交互性、广告效果容易统计、实时性、用户主动性等。

(7)交换广告

交换广告是网络广告的一种，一般是免费的。交换广告与交换链接有许多相似之处，都是出于平等互惠的原则，为增加访问量而采取的一种推广手段，其主要区别在于交换的是标志广告(也有文本广告)，而不是各自网站的LOGO或名称；而且通常是加入专业的广告交换网从而与其他成员建立交换广告，而不是自行寻找相关的网站直接交换双方的标志广告；广告投放和显示次数也是由广告交换网决定，在你的网站显示广告网成员的广告，同时你的广告显示在广告网其他成员的网站上。

2. 非站点营销备选方案

企业的网络营销可以分为站点式营销和非站点式营销。站点式营销主要是以自己的网站为平台进行的一系列营销活动。这种网络营销方式成本较高，仅适合少数的实力较强的大企业。对于那些小企业来说，只有选择一些低成本的营销方式。非站点式营销是一种适合任何企业的低成本的网络营销方式，越来越受企业的青睐。

非站点式营销就是利用除自己网站外的一切网络资源进行营销的一系列相关活动。快递企业可以在网络上找到很多客户，还可以通过网络改变企业的业务模式，拓展市场，提高企业的知名度。那么，对于物流快递企业来说，该如何利用网络资源进行非站点式营销呢？主要有以下几种资源可供利用。

(1)B2C资源

电子商务有两种主要的模式，即B2C和C2C。对于快递企业来说，可以利用的B2C资源主要是从事网上销售的一些网上商城。近几年，随着电子商务的蓬勃发展，网上零售业迅猛发展，出现了以当当网为代表的一大批运行良好的网络商城，这些商城的业务量越来越大，对于快递公司来说就是越来越多的市场机会。如果能和这些网络商城合作，获得商城的配送业务，将显著提高企业的知名度，同时也可以获得可观的经济效益。尤其是应该寻找那些规模不大但非常具有发展潜力的网站，这样可以以较低的代价与对方建立起战略合作伙伴的关系，随着这些网上商城的发展，快递企业也获得高速发展的机会。

(2)C2C资源

近几年，随着淘宝网的崛起，网上以往被人们忽视的C2C市场越来越繁荣。物流快递企业可以利用淘宝、易趣、拍拍等网站的资源，寻找更多的客户，给企业做广告，提高企业的知名度。

(3)其他网络资源

新闻组与网上社区：新闻组是互联网的基本服务之一，互联网使具有相同专业兴趣的人们组成成千上万的具备很强针对性的通信区和新闻组，参加某一新闻组的人们有着共同兴趣或关心特定主题，利用新闻组可有效地推广网站。但是由于国内互联网发展较晚，新闻组的功能并没有得到充分的利用，人们往往直接利用其他更为方便和容易参与的形式，如 BBS、网上社区等。

网络社区是网上特有的一种虚拟社会，社区主要通过把具有共同兴趣的访问者组织到一个虚拟空间，达到成员相互沟通的目的。其中，论坛和聊天室是最主要的两种表现形式，在网络营销中有着独到的应用，可以增进与访问者或客户之间的关系，有利于建立主持人的专家形象，还有可能直接促进网上销售。论坛是一个非常有用的场所，通过论坛可以了解别人的观点，同时可以帮助他人或者向他人求助。论坛一般都有特定的讨论主题，定期参加论坛的人有电子杂志的编辑、企业家、管理人员以及对某些话题感兴趣的任何人。

网络社区营销是网络营销区别于传统营销的重要表现。除了利用别人网站的论坛和聊天室之外，也可以建立自己的网上社区，为网络营销提供直接渠道和手段。建立自己的论坛和聊天室，对于得到访问者的信任、增加网站访问量以及进行在线调查等方面有着独到的作用。

除此之外，网络上还有很多免费获得的资源企业可以利用，如利用现在最流行的博客营销。博客营销是利用博客这种网络应用形式开展网络营销的工具。公司、企业或者个人利用博客这种网络交互性平台，可以发布并更新企业、公司或个人的相关概况及信息，密切关注并及时回复平台上客户对于企业或个人的相关疑问以及咨询，同时还可以通过较强的博客平台帮助企业或公司零成本获得搜索引擎的较前排位，以达到宣传目的。

综上所述，企业应该利用好这些资源，并对这些资源加以整合，充分利用网络这个平台获取更多的机会。

## 【思考与练习】

**一、重要概念**

网络营销、电子商务、电子邮件、搜索引擎、论坛社区、ERP 系统、HRMS 系统、KOA 系统、E-Learning 系统、网络营销

**二、问答题**

1. 简述电子商务的分类。
2. 电子商务对快递服务有哪些影响？
3. 网络时代的到来，对快递企业的管理会有哪些影响？
4. 快递企业可以利用哪些现代的系统优化企业内部管理？
5. 电子商务与网络营销的区别与联系是什么？
6. 快递企业常用的网络营销方法有哪些？
7. 为了保障快递企业的网络安全，快递企业可以采取哪些措施？

**三、案例分析**（某快递公司的电子商务速递业务）

电子商务速递业务是某快递公司根据电子商务运作的特点，结合自身资源和发展方向，特别为从事电子商务交易的个人和企业量身定做的速递服务，包括一款新产品——经济型快递业务以及整合推出网上标准快递业务。其中，经济型快递业务采用“全程特快”陆运模式，价格较标准快递业务有较大幅度优惠，为从事电子商务的个人卖家节约更多成本，而其享有的收

寄、投递服务与普通快递业务完全相同。

自2007年起,该快递公司陆续在全国248个城市开办该项业务。在目前与大型网购集团的合作中,收寄范围覆盖了该大型网购集团的90%的交易区域,快件可寄达全国2 000余个城市。业务开办以来,运行质量稳定,服务便捷,得到了客户的广泛好评,推动了我国电子商务的繁荣、健康地发展。

该项经济型快递业务资费如下:

| 范　围 | 首重1千克资费(元) | 续重每千克或其零数资费(元) | |
|---|---|---|---|
| 省内 | 10 | 3 | |
| 区域(江浙沪互寄和京津互寄) | 10 | 4 | |
| 省际(不含区域) | 15 | 1 500km(含)以内(一区) | 4 |
| | | 1 500～2 500km(含)(二区) | 6 |
| | | 2 500km 以上(三区) | 10 |

该项电子商务速递业务的具有如下几个方面优势:

第一,全过程信息化。该快递公司特别开发了电子商务速递系统,该系统的前端为标准接口,适应于各电子商务网站,在电子商务网站上完成业务预订。该系统贯通了速递综合平台、电子化支局系统、中心局两子系统,实现了业务全过程的信息化,快件派揽、收寄、投递信息都将通过电子商务网站反馈客户。

第二,主动服务。该快递公司根据用户预订业务信息,提供主动收寄服务,快件的传输、处理与投递信息都将主动反馈。用户足不出户,只要完成网上交易必备的发货环节,就可以享受电子商务速递业务的优质服务。

第三,安全认证。该快递公司将商品妥投信息主动反馈给电子商务网站,作为支付商品货款的凭据,充当了信用认证角色,使电子商务交易的信用体系成为完整的闭环,加快了商品资金的流动,真正实现了电子商务的"三流合一"。

第四,适应不同需求。该项电子商务速递业务包括两项子业务:一款为快递标准型业务,以航空运输为主,满足对时限要求最快、质量轻、商品货值高的商品运送需求;另一款为经济型速递业务,采取全程特快陆运,时限在标准快递和快递包裹之间,提供与标准快递的相同的标准化、规范化服务,价格更经济,收寄快件类型也比较宽松。

第五,高品质服务。该项电子商务速递业务,包括经济型快递业务,在客户服务上均享有"门到门、桌到桌"服务水平和多渠道售后服务,为客户提供更直接、更透明的业务咨询和售后服务。

第六,广域服务。电子商务速递业务将在全国范围内陆续开办收寄,寄达地为全国任何地方。

资料来源:全球邮政特快专递网. http://www.ems.com.cn/products/eyb.html

请根据以上案例回答:

1. 结合案例谈谈该快递公司在电子商务时代采用了哪些有特色的客户服务?

2. 网络在该快递公司的成功中发挥了怎样的作用?

# 参 考 文 献


[1] 国家邮政局职业技能鉴定指导中心.快递业务员(初级)快件处理[M].北京:人民交通出版社,2009.

[2] 国家邮政局职业技能鉴定指导中心.快递业务员(初级)快件收派[M].北京:人民交通出版社,2009.

[3] (美)保罗蒂姆.客服圣经[M].丰祖军,张朝霞,译.北京:中国人民大学出版社,2009.

[4] (美)罗伯特·W·卢卡斯.客户服务:面向21世纪的客户服务指导手册(第三版).朱迎紫,艾凤义,译.北京:企业管理出版社,2009.

[5] 胥学跃,傅德月.电信服务营销技巧[M].北京:北京邮电大学出版社,2008.

[6] 徐文峰.客户主管实务[M].广东:广东经济出版社,2009.

[7] 曲建科.物流市场营销[M].北京:电子工业出版社,2007.

[8] 李祖武.物流市场营销[M].北京:清华大学出版社,2008.

[9] 吴炎清,范爱理.物流市场营销[M].北京:机械工业出版社,2004.

[10] (美)科特勒(Kotler P).市场营销原理(亚洲版)[M].何志毅,译.北京:机械工业出版社,2006.

[11] 刘立.电信市场营销[M].北京:人民邮电出版社,2003.

[12] 黄琳,徐海蓉,林雯.电信服务礼仪[M].北京:人民邮电出版社,2006.

[13] 傅杰.营销服务礼仪[M].北京:人民邮电出版社,2005.

[14] 谢常实.使命必达:联邦快递的管理真经[M].北京:人民邮电出版社,2005.

[15] 金正昆.服务礼仪[M].北京:北京大学出版社,2005.

[16] 丁薇,彭欣.网络营销实用教程[M].北京:人民邮电出版社,2005.

[17] Vincent Ferng.全球最大物流公司配送专家UPS[M].上海:上海财经大学出版社,2007.

[18] 王茜雅.大连物流快递企业网络营销整合方案[D].大连:大连海事大学出版社,2007.

[19] 丛俊全.企业网络营销研究[D].北京:对外经济贸易大学出版社,2005.

[20] 郝雨风.高效能的大客户经理[M].北京:中国经济出版社出版社,2009.

[21] 王波.客户服务管理工作细化执行与模板[M].北京:人民邮电出版社,2008.

[22] 曹献存,李先国.客户服务实务[M].北京:清华大学出版社,2008.

[23] 锐智.联邦快递非常攻略[M].广东:南方日报出版社,2005.

[24] 杨莉惠.客户关系管理实训[M].北京:中国劳动社会保障出版社,2006.